知的生きかた文庫

習慣化は自己肯定感が10割

中島　輝

三笠

プロローグ

習慣の力で「やりたいこと」をすべて実現しよう

「続かない」という悩みを解くカギ。それは自己肯定感

『習慣化は自己肯定感が10割』を手にとってくださり、ありがとうございます。

心理カウンセラーの中島輝です。

『習慣化は自己肯定感が10割』……わかるような、でもなんだかわからないような、変わったタイトルだと思われたかもしれません。そのあなたの感覚は「正解」です。

習慣化と自己肯定感――。

じつは、この2つは切っても切れない関係にあります。しかも、ネガ・ポジどちらの方向にも強く作用し合うのです。

たとえば、早起きを習慣にしようとする場合。

自己肯定感が低いと、「自分はできる」「やれる」という後押しが得られないため、早起きの習慣が長続きしません。しかも、続かなかった自分を責めるので、さらに自己肯定感は下がってしまいます。

逆に、自己肯定感が高ければ、「大丈夫、うまくいく」「きっとできる」と、自分の可能性を信じることができるため、早起きの習慣をスムーズに身につけることができます。しかも、その成功体験は自己肯定感をさらに高めてくれます。

自分にイエスと言える人は習慣化がうまくいきますし、新たな習慣の習慣化に成功した人は自分にイエスと言えるようになります。

まさに、『習慣化は自己肯定感が10割』なのです。

さっそくですが、あなたに1つ質問があります。

今年の年始に、何か達成したい目標を立てましたか？

○資格を取るための勉強を始める。

○本気で転職活動を始める。

- **副業で稼げるように動き出す。**
- **英語を話せるようになる。**
- **毎月5万円貯金をする。**
- **今年こそ、婚活に本気を出す！**
- **ジョギングを始めて、マラソンに出場する。**
- **リバウンドしないダイエットを成功させる。**

年末で気持ちに一区切りつけて、年のはじめに新たな決意を固める。あるいは、新年度が始まる4月に、環境が変わるタイミングに合わせ、思いを新たにする……。

私も過去に何度もやってきましたし、日本にかぎらず、世界中でカレンダーに合わせて気持ちを改め、実現したいことを思い浮かべる慣習があるようです。

では、**あなたは今日までの人生で、何度こういった決意をし、目標を掲げてきましたか？　そして、その目標を達成できた割合はどのくらいでしょうか？**

新しい取り組みを継続させるのは難しいものです。

たとえば、あなたもこんなふうに気持ちや状況が変化してしまい、いつの間にこれまでどおりの生活に戻っていた経験があるのではないでしょうか。

○資格を取るための勉強を始める。
↓日々の仕事が忙しくなってテキストが積ん読状態に。

○本気で転職活動を始める。
↓資料は集めたけど、次のボーナスまでと思ううち、現状維持に。

○副業で稼げるように動き出す。
↓ネットを使って試してみたけど、なかなかうまくいかず、やる気がなくなる。

○英語を話せるようになる。
↓英会話スクールの体験授業に行ってみたけど、難しそうでくじける。

○毎月5万円を貯金する。
↓家計簿をつけることを先送りしているうちに挫折。

○今年こそ、婚活に本気を出す！
↓婚活イベント、婚活サイト、結婚相談所、マッチングアプリ、どれがいいか調べるだけで疲れた。

○ジョギングを始めて、マラソンに出場する。
↓いいシューズも買ったけど、7日目に二日酔いになってしまって朝ラン計画が崩れ、挫折。
○リバウンドしないダイエットを成功させる。
↓2カ月でがんばって落としたのに、気がゆるんで1カ月でリバウンド……。

意志や根性だけで「続ける」のは難しい

決意を固めたときにはググッと高まった感情が、何日か過ぎるうちに落ち着いてトーンダウン。あるいは、実際に行動してみたら思いのほか大変で、「もうちょっと様子を見ようかな」とためらったり、大事な目標だから入念に準備しようとあれこれ気を回すうちに、第一歩が踏み出せなくなったり……。

しかも、自分で決めた目標だけに、うまくいかないと「またダメだった」「どうしていつもうまくいかないんだろう」と気分が落ち込み、自己肯定感が低下してしまいます。

私も何度もくり返したことがありますが、できればこうした経験はしたくないものです。

しかし、私が心理カウンセラーとして相談に乗ってきたクライアント、セミナーや講座の参加者も似たような「自分へのがっかり感」を何度も味わっています。

なぜなら、掲げた目標を自分の「意志の力」だけで実現するのは、とても難易度の高い取り組みだからです。

「やろう！」と決めたときの意志の力が１００％だとしても、そのパーセンテージはすぐに下がっていきます。極端に言うと、目標を掲げてから最初の行動を起こす前に半分以下になることはめずらしくありません。

それだけ私たちの日々の暮らしは忙しく、仕事にプライベートにやらなければならないことが山積《さんせき》しています。その1つひとつをこなすうち、じわじわと新しい目標に取り組むエネルギーが減っていき、これまでのルーティンに沿った生活に戻っていくのです。

もちろん、それは悪いことではありません。本意ではないのに無理に何かを始めようとして、うまくいかない場合、落ち込む必要なんてないからです。

でも、もし、あなたが本心から「新しく掲げた目標に向かって努力したい」「もっと違う自分になりたい」と願っているなら、意志の力だけに頼らない方法を学び、取り入れていくことをオススメします。

日々の小さな努力の積み重ねが大きな結果を出す

その方法とは、**習慣**です。

掲げた目標は、すぐに実現するものではありません。**必要なのは、小さな努力の積み重ね。**問題は、その小さな努力を意志の力で毎日、持続することが難しいことです。

たとえば、「英語を話せるようになりたい！」と思い、英会話スクールに入会したとしましょう。目標を掲げ、行動を起こしたのはすばらしいことです。でも、英会話スクールに入ったからといって、すぐに英語が話せるようにはなりません。

ネイティブの外国人講師と向き合うのは緊張しますし、いざ話そうとしたら英単語が思い浮かばず、自分の基礎力のなさを痛感することもあるでしょう。

どんな目標も、それを達成するための**「はじめの一歩」となる行動を起こしてから**

厳しい道のりが待っているのです。ただし、その厳しい道のりでくじけず、コツコツ進めば確実に目標へ近づいていきます。

くじけず、コツコツ。わかっていてもなかなかできない、この**くじけず、コツコツを支えてくれるのが、習慣の力**なのです。

ただ、ここで習慣という言葉を聞いて、あなたはこう思うかもしれません。

「新しい目標に向けた努力を習慣にできれば、うまくいく。小さな習慣をくり返し、達成感を得ることが大事……というアドバイスは知っているけど、肝心の習慣が続かないから困っているんですけど」

「習慣」というキーワードに興味を持ってこの本を手にとった人ほど、「やろうと決意して習慣化し、持続すれば成功する」と知っていると思います。でも、同時にそのシンプルなサイクルを回すことがどれだけ難しいかも経験されていることでしょう。

習慣化は大事、でも実行できない……。

私は自分自身の経験、全国の1万5000人を超えるクライアントさんたちのカウンセリングを通じた変化を目《ま》の当たりにして、**「習慣化は大事、でも実行できない」という悩みを解く鍵が、自己肯定感にある**ことに気づきました。

なぜかと言うと、自己肯定感が高まった状態になると、「無意識の力」を味方につけられるからです。

無意識を味方につける

意志の力ではなく、無意識の力——。

じつは、私たちの判断や決断、それに伴う行動の大部分は無意識下で行われていることが、科学的に証明されています。

一例をあげると、ハーバード大学ビジネススクールの名誉教授ジェラルド・ザルトマン博士らの研究では、**人間の思考の95%は無意識によって動かされている**ことがわかっています。この「95%」という数字は大きすぎると指摘する研究者もいますが、それでも7割から8割の意思決定が、無意識で感じていることや思っていることに強い影響を受け、下されているという考えが主流です。

たとえば、「英語を話せるようになりたい！」と思い、英会話スクールに入会するのが意志の力だとすると、その後、通うのが面倒になったり、上達が進まず足が遠のいてしまったりするのは、無意識が行動に影響を与えているからです。

くわしくは1章以降で解説しますが、**無意識は基本的に物事の「ネガティブな部分」に強く反応し、現状維持を好む傾向**があります。

そして、新しい取り組みに挑むときには、つねに不安がつきまといますよね？

- うまくできるかな？
- 失敗しないかな？
- 怖い人はいないかな？
- 自分は受け入れてもらえるかな？
- 続けていくことができるかな？

あなたの無意識は、こうした不安に敏感に反応して、「**やっぱりやめておこう**」「**今までどおりがいい**」「**無理して踏ん張るのはよくない**」と**挑戦にブレーキ**をかけます。

これが「**習慣化は大事、でも実行できない**」**という悩みの正体**です。

しかし、自己肯定感が高まると、無意識の持つ傾向にポジティブな変化が生じます。

新しい取り組みへの不安が消えるわけではありませんが、

- うまくできそう。
- 失敗しても大丈夫。
- 怖い人も話してみたら楽しいかも。
- 自分は受け入れてもらえる。
- 続けていくことができるはず。

と受け止め方が変わるのです。

無意識が前向きになると、行動も前向きになります。

そのうえで、習慣を定着させるのに適したスキル、テクニックを学んでいけば、楽しみながら目標達成へ近づくことができるのです。

つまり、この本で解説していくのは、**自己肯定感を高め、あなたが実現したいと願**

っている目標を達成する習慣のつくり方。

従来の習慣の本と大きく異なるのは、習慣化に欠かせないスキル、テクニックを紹介するだけでなく、自己肯定感と習慣化の関係を解き明かし、わかりやすく解説していることです。

新しい切り口の習慣の本を楽しんでみてください。

習慣化は誰にでも身につけられるスキル

ここで、本書の内容を簡単に説明させていただきます。安心してください。難しいことは何もありません。

まず1章では、習慣化がうまくいかない理由を探り、自己肯定感との関係を解説。さらに、無意識を味方につけながら、新しい取り組みにチャレンジするときのコツを紹介します。

続く2章では、習慣化がうまくいく「自己肯定感と習慣化の6ステップ」の仕組みを説明。1つ新しい習慣が身についたら、次々に習慣化が可能になり、人生が大きく変わっていく流れをお伝えします。

3章では、実際に「自己肯定感と習慣化の6ステップ」を体感することができる実践方法として、朝の習慣化のスキルとテクニックを紹介。1日の始まりを気持ちよくすることで、あなたの無意識をポジティブな方向に導いていきます。

締めくくりとなる4章では、自己肯定感が高まった状態を維持する7つの力（スキルとテクニック）を解説。日々の暮らしの中に取り入れることで、身についた習慣が持続するだけでなく、新たな習慣化への挑戦をスムーズに進められるメンタルを養います。

「プロローグ」を読んだあとは、「1章を……」というのが一般的な本の読み方かもしれません。でも、読書術に関する研究では、**自分にもっとも関連性の高い部分から読んだほうが記憶の定着率が高まる**ことがわかっています。

そこで、1つ心理テストを入れたいと思います。答えに合わせて、読み始める章を変えるとよりスムーズに内容が頭に入ってくるはずです。

心理テスト

あなたは1週間後、長期休暇に入ります。休暇中は旅行に行く予定で、いろいろと旅先の情報を集めて、ワクワクしています。さて、あなたは旅行カバンのパッキングをどのような手順で、どのタイミングから始めるタイプですか?

A

持ち物リストをつくり、
1 週間前から準備をする

B

数日前から必要だと思った
もの順にパッキングを始める

C

前日、一気に
パッキングをする

D

荷物はほぼ持たず、現地に
入ってから揃える

A を選んだあなたは

コツコツまじめに物事を進めるタイプ

順序どおりに進めたい。↓「1章」から読み始めましょう。

B を選んだあなたは

感情に流されない論理派タイプ

具体的な手法に納得することで理解が進みます。↓習慣化の6ステップを扱う「2章」から読み進めることをオススメします。

C を選んだあなたは

今すぐやる！　直感型行動派タイプ

すぐに取り組めるテクニックで効果を実感すると、ロジックの理解が早くなります。↓朝時間を使って自分を変える「3章」からスタートしましょう。

D を選んだあなたは

自己肯定感の高い天真爛漫タイプ

高い自己肯定感をキープする技術を学ぶことが、習慣化の成功を後押しします。↓メンタルテクニックを集めた「4章」を役立ててみてください。

この本で紹介するのは**どれも簡単なスキル、テクニック**です。

たとえば、3章では1日の始まりである朝の習慣を少し変えるだけで、毎日がキラキラと輝き始めるスキル、テクニックを豊富に紹介します。

「朝食を決めておく」という習慣を実践したTさんは、「1日の段取りが劇的によくなった」「自由な時間が増えた」「1つうまくいくと、自分に自信が持てる」と教えてくれました。また、アイデアを練る時間ができ、仕事にもいい影響があったそうです。

ほかにも、「寝る前に翌朝、着る服を決めておく」「目覚めたら、大好きな音楽を流す」「窓を開けて部屋の空気を入れ替える」など、朝の時間に新しい習慣を取り入れたことで、毎日が楽しくなったと話してくれたクライアントさんはたくさんいます。

大事なのは、**「これならできそう！」という直感を活かす**こと。

そこにはあなたの無意識のゴーサインが反映されているからです。気持ちのいいことから習慣化を進めていきましょう。

1つ試してみてうまくいけば、その手応えが習慣を自分のものにする土台となっていきます。そうやって小さな成功体験を積んだ状態で、1章、2章へと戻っていくと、自己肯定感や習慣の持つ力についてよくわからない人もスムーズに読み進めていくことができるはずです。

習慣化というテーマに強い関心があり、より深く知りたい人はそのまま1章へと進んでください。冒頭に新しい取り組みに挑むに当たり、自己分析を行うための6つの質問を用意しました。それに答えることで、習慣化と自己肯定感が切っても切れない関係性にあることが見えてきます。

自己肯定感も、習慣の力も、すでにあなたの中に備わっている

習慣化がうまくいくと、あなたは持っている能力を最大限発揮できるようになります。やるべきことを先に決めておくと、今、この瞬間に余裕ができるからです。

余裕があるから、物事への集中力が増します。

余裕があるから、段取りがよくなり、生活がラクになります。

余裕があるから、周囲の人に気を配ることができ、半径5メートルにいる大切な家族、パートナー、仲間たちを幸せにすることができます。

そして、**周りにいる人が幸せになると、あなたの自己肯定感がさらに高まります。**

その起点となるのが、習慣化です。

この本が目指すのは、あなたの〝気づき〟のきっかけとなること。というのも、「自己肯定感」も、「習慣をつくり、実行していく力」のどちらも、すでにあなたに備わっているものだからです。

「新しく掲げた目標に向かって努力したい」「もっと違う自分になりたい」という願いを叶える力は、あなたの中にあります。

自己肯定感が高まり、無意識を味方につけ、習慣の力を活用できるようになると、あなたの日常はより一層キラキラと輝き出すことでしょう。

本書は、**新しい自分と人生を手に入れる、今までになかった習慣術**のバイブルです。「時間」「能力」「人脈」「お金」……理想を実現するためのスキル、テクニックをあますことなくお伝えします。

よりよく変わりたいと願うあなたに、この本を送ります。

中島 輝

『習慣化は自己肯定感が10割』◇もくじ

1章 自己肯定感を高めれば、どんな習慣も身につく

2章 「やりたいこと」がつぎつぎ実現する6ステップ

3章

朝の「いい習慣」が「いい人生」をつくる

4章　あなたの習慣化を成功に導く7つの力

編集協力　佐口賢作
イラスト　ひのあけみ
本文ＤＴＰ　宇那木孝俊

1
章

自己肯定感を高めれば、どんな習慣も身につく

新しい習慣は「平均66日」で定着する

人の行動は「習慣」によって決められている!?

あなたが朝、起きてから眠るまでの間に行っている行動のうち、習慣が占める割合は何%くらいだと思いますか?

2006年にアメリカのデューク大学の研究チームが発表した論文によると、私たちの毎日の行動の40%以上が、「その場の決定」ではなく「習慣」によって動かされていることがわかりました。

つまり、いろいろなことを考えながら判断し選択しているつもりが、**実際には行動の半分近くが、習慣になっていることをくり返しているだけ**なのです。

では、あなたがいい習慣を身につけるにはどうしたらいいでしょうか?

ロンドン大学の心理学者のフィリップ・ラリー博士は、私たちに新しい習慣が身につくまでどのくらいの期間が必要になるのかを実験によって調査しています。

その研究によると、「意識的に実行する」段階から「自動的な習慣」となるまでの期間、つまり**何も考えずに自然と行動できるようになるまで、平均で66日かかる**ことが明らかになりました。

習慣とは、脳が慣れ親しんだ神経ネットワークで無意識に行われるものです。この**神経ネットワークが66日間で新しいものに書き換えられる**と捉えてください。

あなたが毎日、人生のポジティブな面や自分をよい方向に向かわせてくれそうな選択を意識し、それに合った行動を実践していけば66日後に思考プロセスが書き換わるのです。

Point

- 「習慣が身につく」とは、無意識に行動できるようになること。
- 習慣になるまでに必要な日数は平均66日。

あなたの人生を変える「6つの質問」

最初に結果を求めると「なぜか続かない」

よい行動を実践し、習慣化にチャレンジする前に、注意点が1つあります。

それは、私たちは新しい習慣を生活に取り入れようと思うとき、**「達成したい結果」を想像して、やる気を高め、スタートを切ろうとしてしまうこと**です。

たとえば、こんなイメージです。

- **資格を取りたい。**だから、毎日の勉強を習慣にする。
- **副業で稼ぎたい。**そのために1日1記事ブログに書く。
- **英語を話せるようになりたい。**だから、週3回、英会話を学ぶ時間をつくる。

○マラソン大会に出たい。だから、ジョギングを習慣化する。
○リバウンドしないダイエットを成功させる。そのために食習慣を変える。

求める結果のために、習慣という行動をつくり出すわけです。

しかし、「プロローグ」でも触れたように、**意志の力でスタートさせたほとんどの習慣は途中でやる気が息切れを起こし、うまく習慣化されずに途切れてしまいます。**

なぜなら、結果ありきの習慣は自己肯定感を低下させるからです。

たとえば、ダイエットを始めるとき、「やせたい」という結果を求めて「○○ダイエット法」がオススメする食習慣を取り入れ、行動を変えたとしましょう。

でも、「○○ダイエット法」がすすめる食習慣は、あなたに好きなものを我慢させる方法である場合がほとんど。あれは食べちゃダメ、これはカロリーが多すぎます、と。

続けるのは苦しく、しんどい。それでも、やせたいからがんばる。まさに意志の力ですが、これでは途中で投げ出してしまう可能性がありますし、マイナス3キロという結果が出た時点で、つらい食習慣から解放されたと思うはずです。

すると、次第にこれまでどおりの食事に戻り、気づけばリバウンドしてしまいます。

結果を求め、新たな習慣を取り入れていくのは、理にかなったやり方のように思えます。ところが、ダイエットにしろ、禁煙にしろ、勉強にしろ、貯金にしろ、運動にしろ、**「習慣化は大事。でも、続かない」**状態に陥ってしまうのです。

なぜなら、つらくて、しんどくて、それでもがんばらないといけないから。

足りていないのは、**自己肯定感を高めるという視点**です。

そこで、1章の始まりとして、私は6つの質問を用意しました。何か新たな習慣を生活に取り入れたいと思うとき、この6つの問いを自問自答してみてください。結果を求めて意志の力で行動を起こすのとは違ったスタートの切り方が見えてきます。

1 あなたは何のために、その習慣を必要としていますか?

2 その習慣を達成させることが目標となり、無理をしていませんか?

3 どうしてそれを習慣化させようと思ったのですか?

4 その習慣に取り組もうと思ったきっかけは何でしたか?

5 その習慣が実現したら、どんなすばらしい変化があると思いますか?

6 習慣化されたことによって、あなたの人生はどう幸せになっていきますか?

例として、6つの質問に「食習慣」と「勉強習慣」を当てはめてみます。

1 あなたは何のために、その習慣を必要としていますか？

・やせるために新たな食習慣を必要としている。
・英会話を上達させるために勉強習慣を持ちたい。

2 その習慣を達成させることが目標となり、無理をしていませんか？

・新たな食習慣は制限が厳しく、しんどい。
・仕事が忙しくて、毎日、机に向かうことが目標になっている。

3 どうしてそれを習慣化させようと思ったのですか？

・やせるには食事を改善するべきだと思ったから。
・英語が話せるようになるには勉強する必要があると思ったから。

4 その習慣に取り組もうと思ったきっかけは何でしたか？

・体重がこれまで未踏の○キロ台になってしまったから。
・仕事で英会話を使う必要が生じたから。

○5　その習慣が実現したら、どんなすばらしい変化があると思いますか？

- 目標としている体重までダイエットが成功する。
- 英会話がうまくなっていく。

○6　習慣化されたことによって、あなたの人生はどう幸せになっていきますか？

- 健康的で魅力的な体になって、自分に自信が持てる。
- 英語圏の人とコミュニケーションが取れて、今よりもっと楽しい人生になる。

じつは、6つの質問の中でもっとも重要な問いかけは、「**6　習慣化されたことによって、あなたの人生はどう幸せになっていきますか？**」です。この問いの答えに、習慣化がうまくいく秘訣が隠されているのです。

「どんな自分になりたいか？」を明確にしよう

「食習慣を新しくしたら、健康的で魅力的な体になって、自分に自信が持てると思う」

「勉強習慣を取り入れて、コツコツ英会話を学んだら、英語圏の人とコミュニケーションが取れて、今よりもっと楽しい人生になると思う」

ポイントは、新しい習慣を取り入れ、それを習慣化したことで得られる結果を手にしたとき、あなたがどんな幸せを感じているかを知ること。結果のその向こうにある**「何のために（Why）」を深掘りすると、習慣化をする本当の理由がはっきりと浮かび上がります**。

つまり、「手に入れたい結果」から考えていくのではなく、「自分はなぜそうするのか」「どんな自分になりたいのか」に意識を向けること。これが習慣化の定着と継続を成功させる秘訣です。

どんな自分になりたいのかを想像して、結果を手にしたときの幸せなイメージを膨らませていくと、自己肯定感が高まります。

- **資格を取りたい。だから、毎日の勉強を習慣にする。**
  ↓職場でもっと頼りにされる自分になりたい。
- **副業で稼ぎたい。そのために1日1記事ブログに書く。**

↓パートナーと協力して、暮らしが快適になるマンションを買いたい。

○マラソン大会に出たい。だから、ジョギングを習慣化する。

↓子どもにかっこいいところを見せて、笑顔にしたい。

こうした「どんな自分になりたいか」が明確な人は、やる気や失敗を受け止める力、1つの物事に集中する力、自分を許す力が持てるようになり、自己肯定感が高い状態で行動することができるのです。

Point

○習慣化するには、最初が肝心。

○「6つの質問」でなりたい自分を想像するとうまくいく。

「Why（なぜ）」が自分の心を動かす原動力

「なりたい自分」の種は心の中にある

先ほどの「6つの質問」によるこうした心の動きは、マーケティングの世界で注目されている「**ゴールデンサークル理論**」にも当てはまります。

ゴールデンサークル理論は、マーケティングコンサルタントとして著名なサイモン・シネック氏が提唱する「人の心を動かす本質を説明するフレーム」です。

ゴールデンサークルは内側から「**Why**／**How**／**What**」の順に3つの円で構成されています。

- **Why……なぜそうするのか**（信念、目的、どんな自分になりたいのか）

- **How ……どうやるのか**（どういう方法で取り組むのか、どんな習慣を取り入れるのか）
- **What……何をするのか**（具体的にどんな行動を起こすのか）

サイモン・シネック氏の解説によれば、多くの人はゴールデンサークルの円の外側から話し始めると言います。**「What → How → Why」（何を、どのように、なぜ）という順番**です。

ここで、ストレッチを習慣化することを例に考えてみましょう。

- **What**……「ストレッチの習慣を取り入れましょう」
- **How** ……「起床後の5分、入浴後の5分」
- **Why** ……「血流がよくなり、身体の不調を改善できます」

言っていることは正しいものの、これで朝と夜のストレッチが習慣化されるかという疑問です。このアプローチでは体調に不安を感じている人にしか響きません。

ゴールデンサークル理論

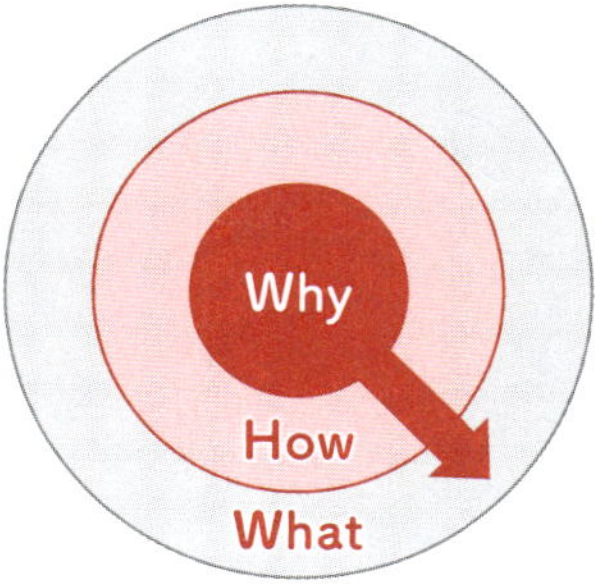

どんな自分になりたいのか。Why（なぜそうするのか）が先にくることで、習慣化しやすくなる。

これを「Why → How → What」の順にすると印象は大きく変わります。

- Why ……「集中力を高めたいとき、意外なアプローチが役立ちます。ストレッチです。脳への血流がよくなり、集中しやすい状態になるからです」
- How ……「ストレッチに要する時間は5分程度、1、2分でもかまいません」
- What ……「起床後、就寝前、仕事中に疲れを感じたとき、ストレッチをする習慣を取り入れましょう」

Why（なぜそうするのか）が先にくることで、集中して物事に取り組むという「なりたい自分」がイメージできるはずです。すると、それを実現するための**How**、**What**への関心も高まります。

× 何を、どのようにやるのか→**習慣化が頓挫しやすい**

○ どんな自分になりたいのか→**習慣化が実現しやすい**

ゴールデンサークル理論を自分との対話に活用することで、新しい習慣に取り組むときのモチベーションを高めることができます。なぜなら、私たちの心は、何を（**What**）にではなく、なぜ（**Why**）に動かされるからです。

Point

- ゴールデンサークル理論は「なぜ、どのように、何を」の順番で物事を説明するフレームワーク。
- もっとも大切なポイントは、「Why」から始めること。

習慣化には「自己肯定感の高さ」が重要

「こだわる」より「ま、いいか」と大きく構える

どんな習慣の始まりにも、「きっかけとなる欲求」「行動」、それに応じて得られる「報酬の予感」が関わってきます。

「きっかけとなる欲求」とは、習慣のトリガーです。変わりたいと思うきっかけ、こんな自分になりたいという欲求がなければ行動には移りません。

好きな人ができて「きれいになりたい」と思うのも、仕事がうまくいくように準備をするのも、現状を変化させたいという願望とつながっています。当然、手っ取り早い結果を求めるのもきっかけとなりますし、「どんな自分になりたいのか」を思い描き、願望を膨らませるのも習慣に取り組むトリガーとなります。

先ほどの「6つの質問」や「ゴールデンサークル理論」で自分の心と向き合うことは、きっかけと欲求を整理し、得られる報酬を明確にして習慣が続きやすくするために役立つ方法です。

そして、**「行動」とは、取り組む習慣そのもの**。どんな習慣に取り組むか、難易度は高いか、低いか。プランAで順調に進むのか、進まないのか。挫折しそうになったときはプランB、プランCにシフトできるよう、自分の中に2つ3つと別ルートを持っておくことができるのか。

そんなふうに具体的に習慣が習慣化される道のりを整えていきましょう。「絶対に、この方法で！」と決めてしまうと、それが崩れたときに挫折してしまいます。

こだわりを持つよりも、**「ま、いいか」と手放せる鷹揚《おうよう》さ、次善の策となる多くのレパートリー**を持っていたほうが、**習慣化を成功させる可能性は高まります**。

そんなしなやかな「自分軸」を持つためにも欠かせないのが、自己肯定感の高さです。なぜなら、自己肯定感が高い状態にあると、私たちは失敗した自分を受け入れ、すべての出来事をギフトだと捉えることができます。

また、今の自分を責めたり、他人と比較したりすることなく、現在と未来を肯定的に見られることにより、自分を信じて行動できるのです。

大人になると、なぜ自己肯定感が下がりやすいのか？

では、習慣化を支える自己肯定感とは、そもそもどういったものなのでしょうか。

私は、**「自分が自分であることに満足でき、自分を価値ある存在だと受け入れられる感覚」**のことだと考えています。

自己肯定感が高まった状態にあればあるほど、気持ちが安定し、前向きに行動することができ、毎日が充実します。自分の選択を信じることができて、周りの人にやさしく接することができ、この先の人生にもっといいことがあると思えるからです。

でも、そんなふうに言うと、こんな意見が返ってくることもあります。

- 自己肯定感が高いのは、ただの自己満足なんじゃないの？
- 人格者だから、そんなふうに思えるんじゃないの？
- じつは自己中心的で周りの人の気持ちがわからないタイプなんじゃないの？

もしかすると、あなたも「自己肯定感＝自己満足」と捉えたことがあるかもしれません。でも、それは誤解です。

自己肯定感は、自己満足でも、人格者だけが備えている特別なものでもなく、誰もが持っている感覚です。ただ、残念なことに、多くの人がその本来の力を発揮できていないだけなのです。

それに、自己肯定感は大人になると下がりやすい傾向があります。

理由は大きく分けて2つあります。

1つは、**経験が増える**からです。

特に私たちの脳は失敗した経験、物事がうまくいかなかった経験を強く印象に残すようにできています。これは危機を回避するために備わっている性質ですが、同時に「**同じ失敗をくり返したくない**」という意識も高めていきます。

すると、「また失敗するかもしれない」と新しい習慣に取り組むのを避けたり、周りの人の顔色をうかがって発言を控えたり、行動を制限し、現状維持を好むようになります。また、何かを意志決定するときも「**逃げる意志決定**」が増えていきます。

これが満足感や自分の価値を信じる感覚を遠ざけ、自己肯定感を低くするトリガーとなってしまうのです。

もう1つの理由は、大人になるほど**他人と自分を比較してしまう**からです。

仕事は？　収入は？　容姿は？　住環境は？　パートナーは？　と。

誰もがSNSに触れている今、意識せずともタイムラインから比較対象となる画像や動画、コメントが次々と流れ込んできます。

もちろん、身近な人をライバルとして競い合うことがモチベーションとなり、勉強や仕事の成果が上がります。ただ、その方法が有効に機能するのは自己肯定感が高まっているときのこと。

自己肯定感が低くなっている場合、他人との比較が劣等感や不安、自己嫌悪の引き金となり、ますます自己肯定感が下がるという**負のループ**が始まってしまいます。

自己肯定感は「何歳でも、どんな人でも」高められる

では、大人になって低くなってしまった自己肯定感は高まらないのか？　と言うと、

そんなことはありません。安心してください。何歳からでも、どんな環境でも、自己肯定感を育んでいくことができます。

くわしくは2章で解説していきますが、自己肯定感は自尊感情、自己受容感、自己効力感、自己信頼感、自己決定感、自己有用感という「**6つの感**」によって成り立っています。

- **自尊感情 ………自分には価値があると思える感覚。**
- **自己受容感 ……ありのままの自分を認める感覚。**
- **自己効力感 ……自分にはできると思える感覚。**
- **自己信頼感 ……自分を信じられる感覚。**
- **自己決定感 ……自分で決定できるという感覚。**
- **自己有用感 ……自分は何かの役に立っているという感覚。**

この6つの感情が相互に作用し合って、私たちの自己肯定感は揺れ動きます。

たとえば、自尊感情と自己受容感が満たされている人も、大事な仕事で失敗した直後は自己効力感や自己信頼感が傷つき、一時的に自己肯定感が下がります。とはいえ、そもそも本来の自分を支える自尊感情と自己受容感が満たされているので、自己効力感や自己信頼感の傷は時とともに自然に癒えていくのです。

よりシンプルに言うと、次のような習慣を実践するだけで、自己肯定感が高まっていきます。

「朝、歯を磨きながら、自分にとって楽しい今日の予定を3つ考える」
「ヘアドライヤーをかけながら、〝私はできる〟とつぶやく」
「カーテンを開けて、〝気持ちいい〟と言う」

こうした自分に対する肯定的な行動は、自己肯定感を高める簡単なエクササイズとなります。それは、歯磨きしながら3つの楽しい予定を考えると自己決定感が、ドライヤーをかけながらの「私はできる」で自己効力感が、カーテンを開けて「気持ちいい」と言うことで自己受容感が満たされるからです。

すると、連動して自己肯定感も高まっていき、**「何があっても大丈夫」「私は私」**と思えるようになります。

シンプルな習慣を実践し、それによって気持ちが前向きになった記憶が積み重なっていけばいくほど、新たな習慣やもう少し負荷の大きな習慣を取り入れるときも「**自分ならできる**」という感覚で向き合うことができます。

つまり、自己肯定感の高まる仕組みと、新たな習慣を取り入れ、継続し、定着させることとの間には深いつながりがあるのです。2章では、「6つの感」と関連づけながら、習慣を持続、定着させるサイクルについて解説していきます。

Point

- 自己肯定感とは、「自分が自分であることに満足でき、自分を価値ある存在だと受け入れられる」感覚のこと。

「何をやっても続かない人」3つの共通点

「明日やろう」の無限ループを断ち切ろう

私はこれまで1万5000人を超えるクライアントのカウンセリングを行ってきました。新規事業の立ち上げに邁進する女性経営者の方、Jリーガーなどのプロのアスリート、ビジネスパーソン、メンタルの調子を崩して自宅で療養中の人……。

立場や環境は違えど、多くの人が実践したい習慣が続かないことに悩んでいました。

そうしたクライアントとのカウンセリングを通じて、私は習慣化がうまくいかない人に共通するポイントに気づきました。それは次の3つの特徴です。

1 思い込みが強く、一気に習慣を変えようとする。

○2 **すべて完璧にやろうとして、思考にゆるみや遊びがない。**
○3 **切り替えができず、過去の失敗を引きずっている。**

どれも自己肯定感の低下と深く関係していますが、共通しているのは結果を追い求めて無理をしてしまい、習慣を継続できなくなってしまう点です。

これから、それぞれの特徴について解説します。

特徴1 思い込みが強く、一気に習慣を変えようとする

事例…「睡眠習慣を変えたくても変わらないSさんの場合」

このタイプの人は「**ねばならない**」**という思い込みが強く、これまでの生活のリズムをがらりと変えようとします。**クライアントのSさんがそうでした。

Sさんは、会社では現場のチームリーダーとして忙しく働く30代の女性です。なかなか疲れが取れずに悩んでいるとき、8時間睡眠がいいと聞き、早寝早起きの習慣化に取り組みました。

しかし、早々に挫折してしまいます。一気に習慣を変えようとしたからです。

夜は早く眠らなければ……、朝は早く目覚めなければ……という焦りから睡眠の質が低下。自分で「やらねば」と決めたとおり、8時間ベッドで過ごすようになったものの、以前よりも疲れが抜けなくなってしまいました。

解決策 「ねばならない」「すべき」の先入観を手放そう

睡眠には、記憶、疲労回復、成長の3つの役割があります。脳や体の疲れをとりながら、傷ついた細胞を修復させ、記憶を整理する大切な時間です。

眠りに関する研究によれば、もっとも重要なのは入眠後、1、2時間で訪れる質のよい深い睡眠の時間を確保すること。毎日8時間きっかり寝なくてはとプレッシャーを感じるよりも、リラックスした状態で眠る方が重要です。

私からはそんなふうにアドバイスしましたが、**新たな習慣を取り入れるとき、「このやり方が本当に適切なのか」「思い込みが強くなっていないか」と疑ってみる**ことも必要です。

心理学では「**確証バイアス**」と呼ばれますが、私たちは自分で決めたことを後押ししてくれる情報ばかりを集める傾向があります。舞台の上にスポットライトが当たっていると、その周辺しか見えなくなるように、「いいと信じた習慣」の良し悪しを調べなくなってしまうのです。

こうした思い込みに引っ張られ、「やらねばならない……」と自分の生活のリズムに合わない可能性のある習慣を取り入れようとすると、どうしても無理が生じます。最初のうちは意志の力で無理をねじ伏せることができたとしても、結局、その新習慣は継続しません。

大事なのは世間一般で言われている正しいやり方ではなく、「**Why**」**に照らし合わせながら**「**あなたに合う習慣**」**を探っていく**こと。

一気に生活を変えることは大きなストレスになります。新しく取り入れた習慣が自分にとって心地よいかどうか。心の声に耳を傾けながら、やり方を調整していくことが、遠回りのようで習慣化を成功させる近道です。2章で紹介する「**フォー・グッド・シングス**」が役立ちます。

特徴2
すべて完璧にやろうとして、思考にゆるみや遊びがない

事例…「資格の勉強習慣が長続きしないUさんの場合」

このタイプも「ねばならない」という思い込みと関係しています。**やろうと決めた習慣を完璧に実行することが目的となって、自分を追い詰めてしまう**のです。

生真面目で毎年のように新しい資格を取得していたUさんは、あるとき「何も手につかなくなった」と私に連絡をくれました。計画していた勉強の習慣がうまく実行できず、その挫折感が仕事にも悪影響を与えているというのです。

うまくいかなかった勉強習慣は、朝・夜の自由時間の大半を学びに費やすもので、彼女はこれまでも、量でカバーすることで多くの資格を取ってきたそうです。

ところが、仕事で重要な役割を担うことになり、計画したほど勉強時間が取れず、習慣を投げ出すことになってしまいました。

解決策 **レパートリーを増やして選択肢の幅を広げる**

もし、自己肯定感が高く、柔軟に物事を受け止められていたなら、一旦、勉強の習慣はお休みして仕事に集中する、息抜きの時間をつくるなどして対応できたはずです。

しかし、完璧主義と自己肯定感の低さが重なると、私たちは自分の行動を客観的に見ることができなくなります。

遊び心を持って、プランB、プランCに切り替えられず、なんでもないつまずきを必要以上に深刻に受け止めてしまい、ますます自分を責めてしまうのです。

習慣についても**「絶対こうしなきゃいけない」とルール化してしまうと、それが崩れたときに全部が嫌になってしまいます。**生真面目な人ほど、習慣を投げ出してしまったとき、苛立ち、自虐的になり、自己肯定感をさらに低下させてしまうのです。

そうならないためには、**習慣のレパートリーを持つこと。**やろうとしていたプランAができない日は、プランBにシフト、Bも難しい場合はより負荷の軽いプランCにシフトといったイメージで、2、3種類のレパートリーを用意しておきましょう。

「朝と夜に1時間ずつ机に向かう」のがプランAなら、Bは「朝もしくは夜だけ」、Cは「移動中などの空き時間にテキストを読む」という具合です。

そんなふうに選択できるレパートリーをつくっておくと、できなかったという挫折感に打ちひしがれることなく、状況の変化に対応できるようになります。

「勉強を習慣化する」という行動のセンターピンを定めたら、**実行する習慣にはゆとりと幅と遊びを持たせましょう**。しなやかな自分軸を持つこと。それが取り入れた習慣を長く続かせ、習慣化させるコツです。

2章で紹介する「**コーピング**」や「**if-then プランニング**」といったテクニックを活用していきましょう。

特徴3 切り替えができず、過去の失敗を引きずっている

事例…「職場のトラブルで人間不信になったHさんの場合」

過去の失敗体験が忘れられず、新しい習慣に取り組んでもしばらくすると「またうまくいかないに違いない」「どうせ失敗する」と考えてしまう人がいます。自己肯定感の中でも、「やればできる」と思える自己効力感が落ちていて、ちょっとしたつまずきでも「やっぱりダメだ」「やめておこう」と考えてしまうのです。

職場の人間関係に悩み、退職。その後、引きこもりがちになってしまった30代男

性Hさんもそのケースでした。彼は外に出ること、人と関わることに恐怖心をいだきながらも、なんとか自分を変えたいと新たな習慣に挑んでは挫折するという経験をくり返していたのです。

解決策 「好き」「楽しい」を起点にして習慣化に取り組む

外に出たい、人との関わりを取り戻したい、仕事に復帰したい。そんな目標を実現するためにも、まずは外に出る習慣化が必要です。

でも、それまで彼がやっていた「週に3回、アルバイトをする」「職業訓練の講座に通う」といった、結果から逆算する取り組みは、いずれもうまくいきませんでした。

私は彼に「家にいる間、何をしている時間が楽しいか」を聞いてみました。すると、戦国武将や神社、巫女が登場するゲームにハマっていると言います。

そこで、私が提案したのは「御朱印集め」。ゲームに登場する神社、史跡を巡り、御朱印やスタンプを集めるための外出を習慣にしてもらったのです。

すると、すぐに1冊、2冊と御朱印帳がいっぱいになっていきました。

外への移動が苦にならなくなっただけでなく、出かけた先で同じ趣味を持つ人と出会い、人間関係への信頼を取り戻す経験も積むことができたのです。

Hさんのように、**「好き」や「楽しい」を出発点に新しい習慣に取り組むことで、過去のネガティブな経験の足枷《あしかせ》が消えていく**ケースがあります。

「自分はなぜそうしたいのか」「どんな自分になりたいのか」に意識を向け、やりやすい習慣、やりたい習慣を選び、うまくいく感覚を積み上げることで「**自分の人生は自分が主役**」という感覚を取り戻せるのです。

これはまさに小さな習慣の達成によって、自己肯定感が徐々に高まっていくという循環。重要なのは、このサイクルをくり返し味わうことです。すると、過去の失敗体験は過去のものと切り替え、今、ここからに注意を向け、歩みだすことができます。

Point

- 結果を追い求めて無理しすぎない。
- 失敗は挑戦した証。恐れず何度でも挑戦し続けよう。

新しい習慣で「人生の模様替え」をしよう！

「あきらめない自分」「投げ出さない自分」になる

前項の「習慣化がうまくいかない人」に共通する３つの特徴を読んでみて、あなたはどう感じましたか？

自分にも当てはまるところがある……と思ったとしても、安心してください。

思い込みや過去の失敗は、それを客観的に受け止め、次に活かそうと捉え直すことができれば習慣化を成功させる糧になります。

まずは「ねばならない」という思い込みで挫折した経験などは、取り返しのつかない失敗ではなく、「**一時的な失敗**」として捉えましょう。そして、「今回は失敗したけれど、この挫折を乗り越えるために役立つ知恵が自分の中にないか、あるいは周りの人からヒントをもらえないか」「この失敗を次に活かせないか」と考えます。

こうした考え方をしていくと、挫折や失敗をネガティブに捉えることが少なくなり、1つひとつが次につながる大事な経験だとして受け止められるようになります。

周囲の人が悩んでいたり、苦しんでいたりするときに思いやりや優しさを向けるように、**自分に対しても思いやりや優しさを向けましょう**。思い込みによる習慣化の挫折、過去の失敗体験を自分と同化させず、切り離して眺めることで、どんな経験も「なりたい自分」への道のりに過ぎないと信じられるようになります。

「壁というのは、できる人にしかやってこない。超えられる可能性がある人にしかやってこない。だから、壁があるときはチャンスだと思っている」

これは、日本人初のアメリカ野球殿堂入りを果たしたイチローさんの言葉です。

自己肯定感が低いとき、私たちは壁に気づくと、何もしてないのに最初からあきらめてしまいます。ぶつかってもいないのに、途中で投げ出します。

もし、あなたが習慣に関して過去にそんな経験をしていたとしても、それは自己肯定感が低かっただけです。

自己肯定感を高めれば、あきらめない、投げ出さない自分に変わることができます。「こんなふうに変わるのは無理！」と限界を設けているのも自分ですし、「絶対に変わることができる！」と可能性を信じるのも自分です。

人間は不完全な生き物で、完全になど到底なれっこありません。私も不完全ですし、あなたも不完全です。

それでも、一見マイナスに思える経験や体験が、私たちを成長させてくれます。**マイナスがあるからプラスに変わる**のです。

なりたい自分を思い描き、新しい習慣を取り入れて、小さな失敗と成功をくり返し、くり返し、自己肯定感を高めながら歩んでいきましょう。

「習慣化の力」はすでにあなたの中にある

たとえば、日常生活で何か嫌なことがあったら、1つでもいいから楽しい感情をつくる習慣を持つこと。

眠る前に、その日にあったうれしかったことを3つ書き出し、習慣化にくじけそうな反発期を楽しく乗りこえること。

そして、習慣が途切れてしまった日には「たまにはさぼってもいいよ」と自分を許し、励ましながら、気持ちを切り替えること。

2章以降、そんなふうに具体的な習慣化と自己肯定感を高めるスキル、テクニックを紹介していきます。なりたい自分に向かう**習慣が持続し、定着し始めると、その過程で起きるネガティブな出来事も「ま、いいか」「大丈夫、大丈夫」と手放していくことができます**。

今はまだ気づかず、うまく活用することができずにいるかもしれません。でも、習慣の力は確実にあなたの中にも備わっています。無意識を味方につけ、自己肯定感を高めながら、習慣の種をまき、芽吹かせていきましょう。

よい習慣が身につくと、同時に自己肯定感が高まります。自己肯定感が高まると、習慣化がもっとラクになります。自己肯定感が高まり、新しい習慣が始まると、**あなたの人生の模様替え**ができます。

お部屋を模様替えしたときに新鮮な気持ちになり、やる気に満ち溢れてきませんかか？　同じように「人生の模様替え」ができれば、明るい気持ちとやる気を手にすることができます。

明るい気持ちとやる気は、あなたに輝く新しい人生をもたらします。

習慣と自己肯定感があれば200％人生が変わります！　さあ、あなたも新しい習慣を始めてみましょう。

Point

- 自己肯定感を高めれば、あきらめない、逃げ出さない自分に変わる。
- 「トライ＆エラー」をくり返し、自分に合う方法を見つけよう。

2章

「やりたいこと」がつぎつぎ実現する6ステップ

まず、自己肯定感を支える「6つの感」を知ろう

「6つの感情」をバランスよく育てていこう

2章では、6つのステップを踏みながら、新しく取り入れた習慣を習慣化させる、中島式「自己肯定感と習慣化の6ステップ」について解説していきます。

先ほどお伝えした、ロンドン大学のフィリップ・ラリー博士らの研究によると、新習慣が身につくまでの平均時間は、66日でした。ただし、研究に参加した人の間での習慣が定着するまでの日数には、18日から254日までとばらつきがあります。これは単純な習慣ほど定着期間が短く、複雑な習慣になるほど長くかかるからです。

ですから、習慣化にかかる目安は「66日」と考えてください。これより長くかかっても、短くても、大丈夫。大事なのは習慣化がうまくいくことです。

習慣化に必要な期間の目安

単純な習慣なら21日、やや複雑な習慣なら66日が分岐点。
習慣化するには、まずは3週間続けてみよう。

単純な習慣 21日	日常の行動に関わる	「行動習慣」	勉強、片づけ、日記、読書など
やや複雑な習慣 66日	身体のリズムに関わる	「身体習慣」	ダイエット、運動、早寝早起き、禁煙など
	考え方・性格に関わる	「思考習慣」	ポジティブ思考、論理的思考、発想力など

自己肯定感を高めるスキルとテクニックを実践しながら、習慣化の種をまき、芽吹かせ、花が咲き、豊かな実りへとつなげていきます。一度、このサイクルに沿って新しい習慣を定着させる感覚をつかみましょう。

うまくいく実感が幸福度を高め、あなたの人生は大きく変わります。

テキストボックスでは、最初に自己肯定感を支える「**6つの感**」について、「**自己肯定感の木**」のイラストとともに簡単に解説していきます。すでに私の本を何冊か読んでくれた方にはお馴染みのフレームです。ご存じの方は、読み飛ばして81ページへ進んでもOKです。

1
自尊感情

自尊感情は
木の「根」のようなもの。
根っこがしっかり張っていなければ
木は簡単に倒れてしまいます。

2
自己受容感

自己受容感は
木の「幹」のようなもの。
軸がしっかりしていなければ、
枝を支えられません。

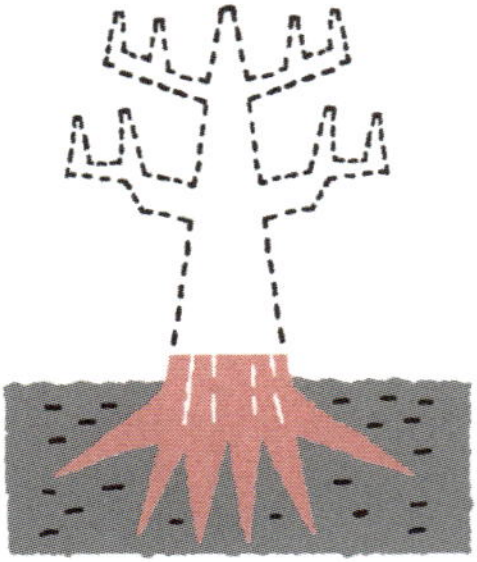

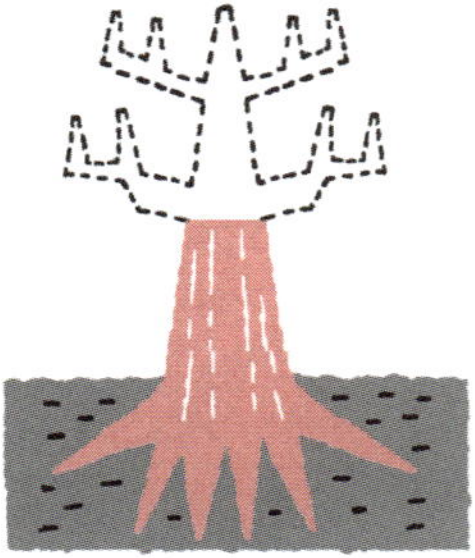

3
自己効力感

自己効力感は
木の「枝」のようなもの。
しなやかに伸びなければ
葉や実が実りません。

4
自己信頼感

自己信頼感は
木の「葉」のようなもの。
信頼という養分がなければ
生い茂ることはできません。

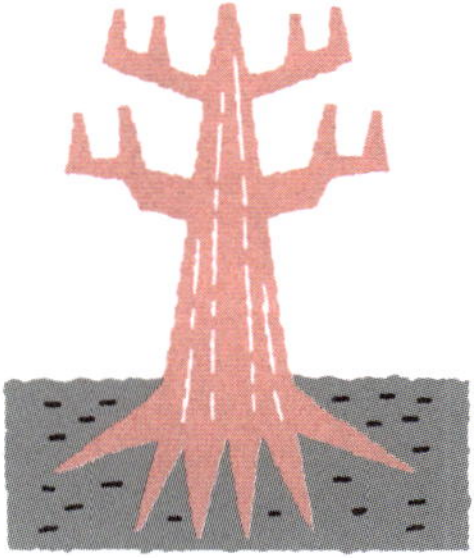

5
自己決定感

自己決定感は「花」のようなもの。
花は主体的に自分で
決めることで、開きます。

6
自己有用感

自己有用感は
木の「実」のようなもの。
誰かの役に立てること。
それ自体が甘いご褒美。

わかりやすく「自己肯定感の木」としてまとめてみましたが、いかがでしょうか。
もう少しくわしく説明していきましょう。

自己肯定感の6つの感① 夢や希望を与えてくれる
自尊感情……自分には価値があると思える感覚

自己肯定感の土台となる、木の「**根**」のよう感覚です。自尊感情が安定していると き、私たちは「**自分ってなかなかいいよね**」**と自分への誇りを胸に生き生きと過ごす**ことができます。

逆に自尊感情が低下すると、根が深くしっかりと張らないと木が倒れてしまうように、自信が揺らぎます。自分の存在価値がよくわからなくなり、他者から認められたいという承認欲求が強くなります。すると、自分と他人を比べては卑下《ひげ》し、落ち込みやすくなってしまうのです。

自己肯定感の6つの感② ポジティブ感情にしてくれる
自己受容感……ありのままの自分を認める感覚

自己肯定感を支える軸となる、木の「**幹**」にあたるのが自己受容感です。どんな自分にもダメ出しをせず、あるがままに受け入れ、「**I'm OK, I'm not OK**」（**自分のいいところも悪いところも含めて、自分**）**と思える感覚**。失敗して落ち込んだり、人を妬んだり、将来に不安を感じたり……そんなネガティブな自分もまるごと受け止めて「**大丈夫。必ずなんとかなるから**」**と、人生を肯定できる力**です。

自己受容ができている人は、折れない心＝レジリエンスが高まり、どんな経験も乗り越えるたくましさを手にします。そして、そんな揺るがなさが周囲の人からの信頼を集め、愛される存在となるのです。

自己肯定感の6つの感③

自己効力感……自分にはできると思える感覚

プラス思考に生まれ変わる

自己効力感は木にたとえるなら、しなやかな「**枝**」のようなもの。自己効力感が高まると、**自分は何かを成し遂げられると信じられる状態**になります。何か問題にぶつかったとしても「こうすればうまくいくはず」とプランを立て、自分の力を信じて前向きに対処できます。また、**くじけたときに再挑戦する力の源**にもなります。

つまり、勇気を持てるようになるのです。

しかし、自己効力感が低下していると、「自分にはどうせ無理」と考えて、一歩目を踏み出すことができません。行動する気力が湧かない状態になってしまうのです。

自己肯定感の6つの感④ 自己信頼感……自分を信じられる感覚

勇気と自信がわいてくる

木の葉が光合成で成長を支えるように、自分を信じることは人生を豊かにする養分となります。自己信頼感は、あなたにとっての「木の葉」のようなもの。**自分を信じて行動することで、たくさんの葉が芽を出し、あなたの世界を広げてくれます。**

逆に自己信頼感が低下すると、何事にも消極的になり、挑戦していたことを途中であきらめてしまう場面が増えていきます。すると、連動して自己効力感も失われてしまい、自己肯定感そのものも下がってしまうのです。

他人のつくった基準ではなく、自分の価値観に従って信じた道を進むことで自己信頼感は回復していきます。

自己肯定感の6つの感⑤

好奇心と行動力を与えてくれる
自己決定感……自分で決定できるという感覚

私たちの感じる人生の幸福度は「自分で決めた！」という「人生を自分でコントロールできている感覚」に比例するとされています。それも自分が成長していると実感できる方向にコントロールできているとき、私たちはもっとも幸せを感じるのです。

この人生に「**花**」を咲かせる感覚に強い影響を与えているのが、自己決定感です。同じ失敗でも、「自分で決めて挑んだ末の失敗」と「誰かにやらされた上での失敗」では、受け止め方が変わってきます。

自己決定感が低下すると、周囲への依存度が増します。

つまり、誰かにやらされた感が高まり、他責的な態度になっていくのです。これは人生の幸福度を下げる負のループの入り口。人生を楽しむためには、**自分で決めた！という内発的動機づけから始まる行動**が欠かせません。

自己肯定感の6つの感⑥幸福感と継続する力を与えてくれる

自己有用感……自分は何かの役に立っているという感覚

自己有用感は、**周囲の人や社会のつながりの中で自分が役立てているという感覚**です。木で例えると「**実**」のようなもの。育んだ木の実を誰かにあげて「ありがとう」と言われることで、それがまたがんばるエネルギーになり、幸せを感じることができます。

そんな自己有用感が高まると、社会に求められている安心感が得られ、自分の存在に「イエス」と言えるので自己肯定感も高まります。逆に自己有用感が低下すると、物事をあきらめやすくなってしまいます。なぜなら、私たちは自分ひとりのためにがんばることが苦手だからです。

他者のために貢献して喜べるのは人間の特権で、その充実感を感じられなくなると力が湧きません。**誰かに「ありがとう」と言い、相手からも「ありがとう」と言われること**。そんなシンプルなコミュニケーションが、あなたの自己有用感を高めてくれます。

Point

- 自己肯定感の6つの感情をバランスよく育てよう。
- 6つの感情のいずれかが低いと自己肯定感が下がってしまう。

やる気や根気に頼らず、ラクに「続けられる」習慣化メソッド

「自己肯定感を高めながらチャレンジ」が成功の秘訣

私は自分自身の習慣を変えていく過程や、多くのクライアントさんに習慣化のアドバイスをするうちに、自己肯定感を支える「6つの感」と、新しい習慣を取り入れ定着させるまでのステップが深く関係していることに気がつきました。

習慣が自分のものになるまでには、「なりたい自分」を思い浮かべ、その姿に近づくために「これをやってみよう！」と思う種まきの時期があり、習慣化が途切れそうになる反発期や忍耐期、成長期などのステップを踏み、習慣が定着、持続する開花期、達成期にたどり着きます。つまり、**習慣化のサイクルには6つのステップがあり、それが自己肯定感を支える「6つの感」と深く関連している**のです。

習慣化のステップ１ 習慣の種まき期（0日から1日目）＝自尊感情

なりたい自分をイメージし、どんな習慣に取り組みたいかを模索する時期。新しい習慣に取り組む始まりの時期を、「自分には価値」があると思える自尊感情が支える。

習慣化のステップ２ 習慣の反発期（2日目から8日目）＝自己受容感

現状維持を求める本能が、新しい習慣に反発する時期。「なんでこんなことをしているんだろう？」「いや、がんばる」と揺れる思いを、ありのままの自分を認める自己受容感で受け止める。

習慣化のステップ３ 習慣の忍耐期（9日目から21日目）＝自己効力感

油断すると途切れてしまいそうになる習慣を、なんとか持続させる不安定な時期。多くの誘惑が目に入る中で、「自分にはできる」と思える自己効力感を満たすことが乗り切るエネルギーに。

習慣化のステップ4 習慣の成長期（22日目から31日目）＝自己信頼感

無意識のうちに習慣を実践できている日もあれば、しんどく感じる日もある。まだらな成長期で、モヤモヤする停滞期でもあるこの時期をクリアするには自分を信じる自己信頼感が不可欠。

習慣化のステップ5 習慣の開花期（32日目から60日目）＝自己決定感

習慣が定着し、無意識のうちに取り組めるようになるのが開花期。自分で習慣をコントロールし、花を咲かせたと感じることで自己決定感が高まっていく。

習慣化のステップ6 習慣の達成期（61日目から66日目）＝自己有用感

定着した習慣が求めていた成果をもたらしてくれる収穫の時期。また、次に取り組みたい習慣を探し始める整理の時期でもある。得た成果や成長した自分が周囲に役立っているという感覚で自己有用感が満たされ、次に踏み出すエネルギーが得られる。

自己肯定感と習慣化の6ステップ

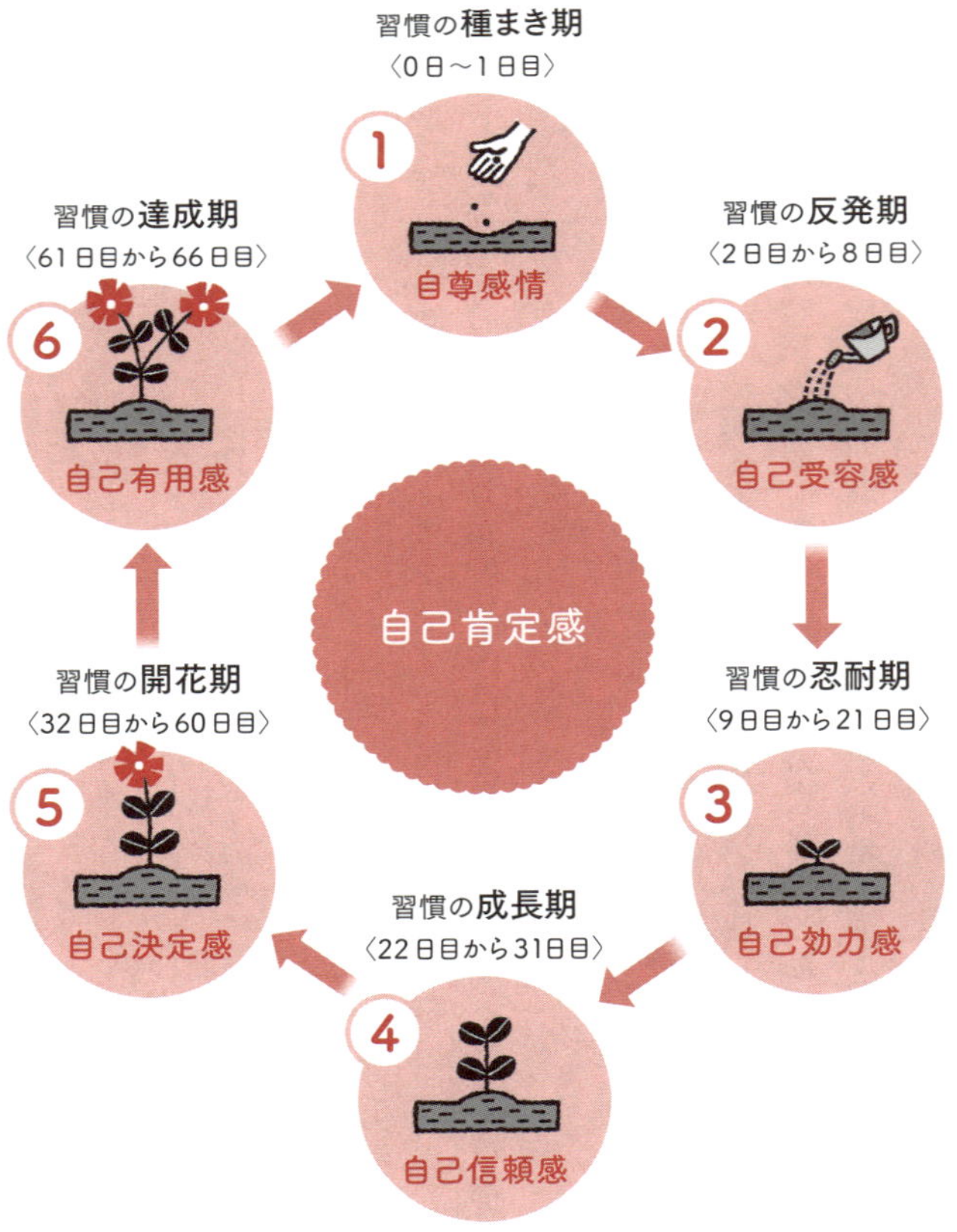

それぞれのステップに当てはめている「**6つの感**」は、**自己肯定感のなかでそのサイクルをクリアするのにもっとも役立つ感情**です。

たとえば、新しい習慣に取り組む「習慣の種まき期」には「自尊感情」が当てはまります。自分には価値があると感じられないままでは、手軽に見えて効果の乏しい間違った習慣に飛びついてしまう可能性があるからです。

では、ほかの5つの感情が不要なのかと言えば、そうではありません。

「これからの新しい習慣を自分で決めて始めるんだ！」という自己決定感も、「自分にはできる！」と思える自己効力感も最初の一歩を踏み出す力となってくれます。

次の項で、「**自己肯定感と習慣化の6ステップ**」を解説しながら、それぞれの自己肯定感をアップさせるテクニックを紹介していきますが、それは1つひとつ独立しているように見えて、じつは「6つの感」すべてにいい効果を発揮します。

なぜなら、「6つの感」はそれぞれに作用し合って自己肯定感を支えているからです。**1つの「感」が満たされれば、その好影響はほかの5つの「感」にも広がり、最終的に自己肯定感が高まります**。水面に石を投げ入れ、波紋が広がるようなイメージです。

そして、自己肯定感の高まりは、新たな習慣が習慣化され定着していく66日を成功に導いてくれるのです。

自己肯定感という栄養豊かな土壌をつくりながら、あなたが選んだあなたらしい「習慣」という人生の種をまきましょう。芽が出るまでは不安にもなりますが、根気強く水をあげ、手入れし、芽吹いた苗を育み、成長させます。

力強く伸びた木にはやがて葉が茂り、花が咲き、実をつけます。収穫された実の中には、次の芽吹きにつながる新たな種が宿り、それを豊かな土壌にまくことで、あなたの人生はさらによい方向へと向かっていくのです。

忙しさに追われる日々からあなたの夢を追いかける毎日へ。新しい自分になり、人生を変える。すべてがもっとうまくいく習慣革命を起こしましょう。

Point

- 新しい習慣は6ステップを意識するとうまくいく。
- 「種まき」から「開花」するまでの期間は66日を目安にする。

「自己肯定感と習慣化の6ステップ」で、やりたいことが実現！

いちいち「考えなくてもやれる」方法

「自己肯定感と習慣化の6ステップ」とは、取り組んだ習慣をくり返すことによって、**行動が次第に自動的に起こるようになっていくサイクル**をまとめたものです。

習慣が習慣化されていくとき、私たちの脳内で明らかな変化が起きていることが脳神経科学の研究で明らかになっています。専門家は「**長期増強**」と呼びますが、取り組んでいる新たな習慣が続くうちに、脳内の神経細胞と神経細胞の結びつきが強くなっていくのです。

神経心理学者ドナルド・ヘッブは、この現象を「お互いに発火した神経細胞はつながり合う」と表現し、「**ヘッブの法則**」として知られています。

つまり、取り入れようと決めた新たな習慣をくり返し、行動が変化するうち、脳内ではっきりと物理的な変化が起きるのです。

たとえば、アスリートは一般の人よりも運動機能を司る小脳が発達しています。これは競技に必要な動きが反復練習によって習慣化されたから。その結果、数秒の間に、その瞬間にもっとも適したプレーを選択することができ、無意識のうちに体が動くのです。

習慣化がうまくいくと、最初は1つひとつの手順を考え、意志の力で進めざるをえなかった難しい作業が無意識のうちに処理できるようになります。これは習慣がもたらしてくれる大きなメリットで、私たちの人生がよりよいものに変わっていく理由の1つです。

どんな習慣も努力が必要な段階を乗り越えれば、いちいち考えずに実行できる状態に変わっていきます。そのステップを6つに区切り、解説するのが「自己肯定感と習慣化の6ステップ」です。

自己肯定感と習慣化のステップ

1

習慣の種まき期

〈0日～1日目〉

どんな土壌に、どの種をまくのか。
新しい習慣にチャレンジする始まりのとき。

自尊感情

「自尊感情」をたっぷり満たしてスタートを切ろう

1つ目のステップとなるのが、**「習慣の種まき期＝自尊感情」**です。「種まき」とあるように、取り組む新たな習慣を植物の種に見立ててイメージしていきましょう。このステップでもっとも重要な感情を自尊感情としたのは、**どの種をどんな土にまくかが習慣化の成否を大きく左右する**からです。

理想は、いい種をいい土にまくこと。そうすれば元気な芽が出ます。

たとえば、転職をきっかけに仕事から受けるストレスが大きくなってしまい、毎晩、寝る前にビール2缶とスナック菓子を1袋食べるようになってしまった……としましょう。

これも習慣の一種ですし、ストレス解消のためという動機とともに、味わうお菓子の食感と油分、塩気、アルコールによる酔いは魅力的でたやすく習慣化されていきます。しかし、翌朝の目覚めや仕事への影響、長期的な健康を視野に入れると、寝る前のビールとスナック菓子は、悪影響を及ぼす悪習慣だと言えるでしょう。

つまり、仕事のストレスをきっかけに悪習慣の種をまいてしまったのです。そして、そんな悪習慣を順調に育て、習慣化させてしまうと、朝から胃も頭も重い状態になり、仕事の効率は落ち、気づけば体重も体脂肪も増え、不健康な体になる、という実を収穫するに至ります。

飛び立った飛行機や出港した船の進路がわずかでもズレていて、そのミスに気づかないまま航行した場合、目的地にはたどり着きません。それどころか進む距離が長ければ長いほど、小さなズレが大きな影響を及ぼし、目的地からかけ離れてしまうのです。

同じように、習慣の種まき期に未来のあなたの願望とは食い違う種をまいてしまったら、習慣化は挫折するか、描く理想とはほど遠い悪習慣が身につくことになってしまいます。

必要な種、いい種を選ぶためには、**今の自分を客観的に見る冷静さと応援する温かさ**が欠かせません。だからこそ、**「自分には価値がある」と思える自尊感情を満たした上で、習慣化のスタートを切ることが重要**なのです。

ゴールデンサークル理論

英語の勉強が続かない本当の理由

「自分には価値がある」と思えない人は、**種まき期に動機づけが曖昧なまま習慣化のスタートを切ってしまう傾向**があります。

たとえば、以前、私は30代の女性のクライアント・Aさんから英語の勉強習慣がうまくいかないと相談を受けたことがあります。

「TOEICで800点以上、取りたい」が、彼女の目標でした。でも、その理由を深掘りすると「今の職場が合わないから転職したい。そのときにTOEICで800点以上のスコアがあれば、希望の仕事が見つかりそうだから」という話が出てきたのです。

あなたが1章で「**6つの質問**」**と**「**ゴールデンサークル理論**」を試してみたあとなら、Aさんの目標の立て方、習慣の種のまき方では、遠からずうまくいかなくなってしまうのが予測できるのではないでしょうか。

どんな習慣の種をまくべきか？　その疑問に答えを出す方法は、すでにあなたの中に備わっています。というのも、1章で掘り下げた、新たな習慣を手に入れるための準備がそのまま「習慣の種まき期」の準備にあたるからです。

6つの質問の6番目の**「習慣化されたことによって、あなたの人生はどう幸せになっていきますか？」**で「手に入れたい結果」ではなく、「自分はなぜそうするのか」「どんな自分になりたいのか」に意識を向けたこと。

ゴールデンサークル理論で、習慣について**「Why」から考えたこと。**

- **Why……なぜそうするのか**（信念、目的、どんな自分になりたいのか）
- **How……どうやるのか**（どういう方法で取り組むのか、どんな習慣を取り入れるのか）
- **What……何をするのか**（具体的にどんな行動を起こすのか）

この2つの視点から考えて取り組もうと思った習慣には、きちんとした動機づけがあるはずです。

Aさんの場合、「今の職場が合わない」ことが英語の勉強習慣に取り組みたい動機となっていました。さらに話を聞くと、職場で思うように自分の力を発揮することができないもどかしさから、自尊感情の低下も読み取れたのです。

そこで彼女は、「転職して環境を変えれば……」と考え、そのために取り組む習慣として英語の勉強という種をまこうとしていました。考え方が「Why」からではなく、「What」からで、**「自分はなぜそうするのか」「どんな自分になりたいのか」への意識が足りません**。

これは自尊感情が満たされず、自分の価値への自信が揺らいでいるからです。明確な目的を持てば、自尊感情が満たされ自己肯定感が高くなり、Aさんはいい種をまくことができるはずと考えました。

リフレーミング

頑なになってしまった「マインドセット」をやわらかく

私たちは、**心の中の自分の立ち位置を変えていくだけで、見える風景を変える**ことができます。心の中には、今の自分に「向かい風が吹く」立ち位置と「追い風を受けられる」立ち位置があります。

現実の世界でも自分の立ち位置が悪いばかりに、必要以上にきつい立場に立たされるケースがあります。そうしたときには、少し立ち位置をずらすだけで、見える風景が変わり、状況を改善することができるのです。

彼女のように会社の中で壁にぶつかっているとき、現実的に立ち位置を変えること、望みどおりの転職を実現させることは、つまずきやすく難易度の高いチャレンジとなります。でも、ゴールデンサークル理論などを使って自分の心を整理して、心の中の立ち位置を変えれば、今、本当に取り組むべきことが見えてきます。

彼女の場合、習慣化の前に低下している自尊感情を満たしていくという作業が必要だと感じました。

そこで、私は「**マインドセット**」**をやわらかくするワーク**をアドバイスしたのです。

マインドセットとは、その人のこれまでの経験や教育、先入観からつくられる思考パターンや固定化された考え方など、心のあり方のこと。

心理学の研究によると、人間の努力と成長を信じることのできる「**成長マインドセ**

ット」と、人の能力は生まれ持った才能によって決まっていると考える「**固定マインドセット**」の2つのマインドセットがあることが知られています。

ただ、私たちの心のあり方はこの2つのマインドセットの間を行き来しています。血液型はA型、B型と決まっていますが、マインドセットは生まれてからずっと定まっているわけではなく、その時々の状況に応じて変化していくのです。

しかし、私たちの脳は失敗した経験、物事がうまくいかなかった記憶を強く印象に残すようにできています。そこで、次のようなネガティブな思考パターンをしてしまいがちです。

- **1つの物事に執着し、多面的に考えられず、イライラする。**
- **周囲の人のささいなミス、行き違いが気になり、目くじらを立てる。**
- **目先の不安に流されて、余裕を持てず、焦ってしまう。**

こうした思考パターンが続くと、その人のマインドセットは固定マインドセットに向かっていきます。なぜなら、「うまくいかないのは能力がないから、仕方がない」

と結論づけ、納得しようとするからです。

「今の職場が合わない」「英語の勉強がうまくいかない」と相談に来たAさんも、似た状況に陥っていました。

問題の根本には、職場でのつまずきによる自尊感情の低下があり、その影響でマインドセットが「うまくいかないのは能力がないから、仕方ない」という固定マインドセットに。そのままの心のあり方で現状打破を目指し、「TOEIC800点以上」を目標に英語の勉強習慣に取り組んでもうまくいくはずがありません。習慣の種が芽吹く前に、「やっぱりダメだ」と感じてしまうからです。

「心のコップ」に不要なものが溜まっていませんか？

固定マインドセット的の思考パターンは誰もが持っているものです。

でも、「自分はダメだ」と強く思うときもあれば、「なんでもできる」と自分の可能性に心躍る日もあるように、マインドセットは変化します。

私はAさんに「次のような思考パターンはどうかな？」と自分に投げかけてみてく

ださい」と伝えました。

- 物事が「うまくいかない」と感じているときほど、「**ま、いっか**」と声に出し、休みを取ろう。スマホもパソコンも置いて、海辺や森を歩く。ぼんやりしながら考えると、いいアイデアが出るかも。
- 周囲の人に自分から「**その考え方/やり方もイイね!**」と言ってみよう。相手も自分も肩の力を抜くことができるかも。
- 不安を感じたら、「**やるだけやったし、なんとかなるよ!**」と声を出そう。未来の可能性に希望を持てるかも。

これは、マインドセットを成長マインドセットへと変えていく「**リフレーミング**」というものです。リフレーミングとは今までの見方の枠組み(フレーム)を外し、別の角度から見ることです。このリフレーミングで、否定的な思考パターンを肯定的な思考パターンに変換しながら、心のあり方をフラットな状態に持っていくテクニック。

自分の今を客観視できるようになります。

自尊感情が低下していると、自分でも気づかないうちに心のコップがいっぱいになっています。でも、冷静に中身を見直すと、そこには必要のない思考パターンやストレスがたくさん入っているはずです。

マインドセットを変えるリフレーミングを行うと、そんな気づきが得られ、**自尊感情を低下させていた思考パターンやストレスを手放すことができます。**これは土を耕し、種まきの準備をするようなもの。

- **昼休みに、次の長期休暇で訪れたい場所の写真を眺める。**
- **夜、眠る前に、憧れの人と会って話す妄想を膨らませる。**
- **週末、家の中を自分にとって最高に居心地のいい空間に模様替えする。**

そんな身近な取り組みも、マインドセットを変えるリフレーミングになります。そして、心のあり方を成長マインドセットに向かわせることが、「自分には価値がある」という自尊感情を満たしていくのです。

心のブレーキを外して、自分らしく生きてみよう!

「英語の勉強がうまくいかない」と悩むAさんはその後、「どんな自分になりたいのか」を深堀りし、習慣に取り組む動機を整理しました。

○英語をもっと自在に操りたい。だから、毎日の勉強を習慣にする。
↓英語を武器に自由に生きる自分になりたい。

そして、リフレーミングでマインドセットの変化を促し、「今の職場が合わない」と感じている現状を別の角度から眺めていきました。

○「今の職場が合わない」のは、自分から心のガードを上げていたからかもしれない。周囲の人に自分から「その考え方/やり方もイイね!」と言ってみよう。それでも合わないと思うなら、飛び出してもいいよね。

こうして、具体的に「**なりたい自分**」**を描き現状を捉え直すことで、**「**自分の価値**」**を再確認**。自尊感情を満たしながら、「自由に生きる自分」を支える武器となる英語の学習の習慣化に取り組みました。いい土に、いい種を。勉強することは同じでも、心のあり方によってモチベーションは大きく変化します。

十分な準備をした上でまかれた彼女の習慣の種は、この先、力強く芽吹くはずです。

あなたも新たな習慣に取り組むときは、最初に「**動機と心のあり方**」に意識を向けてみましょう。

そこにネガティブな思考パターンや整理できないストレスを見つけたら、自尊感情が低下しているかもしれません。そのままの状態で「自己肯定感と習慣化の6ステップ」を始めると、望んでいる目的地にたどり着かない可能性が高いでしょう。

マインドセットを変えるリフレーミングを行い、**自尊感情を低下させていた思考パターンやストレスを手放し、安心して種まきのできる環境を整えましょう**。自尊感情を満たされた土壌に芽吹いた若木は、力強い根を張り、先々、大きく成長したときに倒れないよう支えてくれます。

これが種まき期で習慣化のいいスタートを切る方法です。自尊感情を満たし自己肯定感を高める「リフレーミング辞典」は巻末を確認してください。

Point

- 種まき期は、「なりたい自分」をイメージして習慣の動機づけを行う。
- 「リフレーミング」で成長マインドセットへ変えよう。

自己肯定感と習慣化のステップ

2

習慣の反発期

〈2日目～8日目〉

現状維持を求める本能が、新しい習慣に反発する時期。
ありのままの自分を受け止めて乗り越えよう。

自己受容感

脳は「変化」を嫌がり「現状維持」を好む

「自己肯定感と習慣化の6ステップ」、2つ目のステップとなるのが、**「習慣の反発期＝自己受容感」**です。

新たな習慣に取り組み始めて、2日、3日すると、誰もが「なんか面倒くさいな」「今日は忙しいから後回しにしよう」といったぼんやりした拒否感とともに、習慣の反発期を経験します。

なぜかと言うと、脳は現状維持が大好きだからです。

先ほど、「長期増強」について触れました。新たな習慣を持続させるうちに、脳内の神経細胞と神経細胞の結びつきが強くなっていく、と。習慣化が実現すると、脳内でもはっきりと物理的な変化が起きているという現象は、非常にロジカルで納得できるものです。

しかし、ここには1つ問題があります。

それは「お互いに発火した神経細胞はつながり合う」という「ヘッブの法則」を起

こすには、大きなエネルギーが必要になってくるのです。

ところが、起きている間は途切れることなく膨大な情報量を受け取り、処理しなければならず、眠っている間も情報と記憶の整理に勤しむ私たちの脳は、基本的に省エネモードで働くようにできています。

つまり、過去の記憶に基づき、**無意識のうちに行動できる状態＝すでに習慣化されたやり方を好む**のです。

もちろん、脳があなたに語りかけてくることはありませんが、もし、話したら？と仮定すると……、習慣の種まき期のあと、2日目、3日目と意志の力で新習慣に取り組む姿を見て、こんなふうにつぶやくはずです。

「そんなにがんばって新しいことをしなくても、今までのやり方でなんとかなってきたんだから、いいじゃない」

「勉強なんかやめて、ほら、いつもみたいにぼーっとスマホを見ようよ」

「負荷のかかる運動はしんどいよ。ごろごろしなよ」

これが三日坊主の原因で、脳の仕組みから考える自然な反応ですね。

こうしたささやきに説得されて、自分で決めた新習慣への取り組みをサボってしまうのはめずらしいことではありません。

でも、この小さな挫折のあとに習慣化のサイクルの大きな分岐点が待っています。

そのまま「もう、どうにでもなれ」と、意志の力でがんばった数日間の取り組みを手放し、新習慣を忘れてしまうのか。翌日には「昨日は昨日、休んじゃう日もあるよね」と切り替えて、再び習慣化のサイクルに戻るのか。

このとき、どちらのルートを選ぶか、三日坊主になってしまうかどうかに強い影響を与えているのが、**ありのままの自分を認める自己受容感**です。

「真面目な人ほど息抜きが必要」な理由

反発期にやってくる新習慣への反動に対して「絶対にやらねばならない」というマインドで対抗しようとすると、気持ちが折れて、習慣も途切れてしまいます。それは、どうしても誘惑や用事、心のささやきによって小さな挫折はやってくるからです。

大切なのは、1日、2日とさぼってしまったあと、自分を責め、自己嫌悪に陥ってしまわないこと。心理学の研究でも、**サボった事実よりもその後の対処の仕方が習慣化を頓挫させる大きな要因になっている**ことがわかっています。

たとえば、自己肯定感に関する私のセミナーに通っている受講生のHさんは、さまざまなダイエット方法にチャレンジしてはうまくいかず、悩んでいました。

私やスタッフからすると「ダイエットは必要かな？」と思う体型なのですが、本人は身体を引き締めたいという思いが強く、話題の方法をいろいろと試しているそうです。

糖質制限ダイエット、特定の食べ物を使った○○ダイエット、自重トレーニングダイエット……。でも、どれも習慣化せず、本人の納得のいく成果にはつながりませんでした。がんばってもうまくいかない理由はどこにあると思いますか？　Hさんからそんな質問を受けたとき、彼女のダイエット習慣への取り組みを聞き、すぐに気づいたのが、**小さな挫折のあとの対処でのしくじり**です。

生真面目な人ほど、挫折のあとにより厳しい目標を掲げてしまいます。

「今日はケーキを食べてしまったから、明日からはこんにゃくだけで糖質ゼロ生活！」
朝、忙しくてトレーニングできなかったから、夜、倍の負荷をかけよう！」

するとどうなるでしょう？　**無茶な目標へのチャレンジは間違いなく失敗します**。その結果、ますます自分を責め、自己嫌悪が増して、自己受容感が低下。防衛本能が働き、取り組んでいた習慣そのものを中止することで、自分を守ろうとするのです。

Hさんのように「習慣の反発期」に習慣化が頓挫しやすい人は、生真面目で決めた習慣を守ろうという意志の強いタイプです。でも、それが自己受容感の低さにもつながっています。なぜなら、誰にでも起こる小さな挫折をうまく受け止められず、自分を責めてしまうからです。

逆に、自己受容感が満たされている人は、失敗し、つまずいたときも、それを受け止め、気持ちを切り替え、再び目指している方向に歩み出すことができます。

これは「**たまには休んでもいいよね**」「**完璧を求めすぎないことも必要なんだよ**」「**そうだよね、サボっちゃうときもあるよね**」と、しくじりはしくじりとして柔軟に受け止めてしまえるからです。

フォー・グッド・シングス

できなかった自分にもOKを出す

自己受容感は「**I'm OK, I'm not OK**」と「できる自分／できない自分」のどちらも認める感覚なので、「昨日はできない自分だったけど、今日はできるかも」と切り替えながら反発期を乗り越えていく力になります。

習慣の種から芽吹いたばかりの苗が若木になっていく間は、もっともトラブルが生じやすい時期。だからこそ、自己受容感を満たすような心理テクニックを使い、丁寧にお手入れをしながら習慣の苗を大切に育んでいきましょう。

そこで、これから自己受容感を満たしていく2つの心理テクニックを紹介します。

1つ目の心理テクニックは「セルフ・コンパッション」を養う「**フォー・グッド・シングス**」です。

コンパッションは共感や同情を意味し、セルフ・コンパッションは「**自分を受け入れる、自分を思いやり、慈しむ感覚**」のこと。つまり、自己受容感を満たすのに重要な役割を担っている感覚です。

セルフ・コンパッションを持つのに大切なのは、**自分を必要以上に責めないおおらかさを育むこと**。そのためにオススメしたいのが、「フォー・グッド・シングス」。これは1日の終わりに、その日にあった3つのいいことを思い出し、ノートに書き出すという「スリー・グッド・シングス」の改良版です。

「スリー・グッド・シングス」では……

「朝、駅に向かう道すがら見えた景色がきれいで、清々しい気持ちになった」
「近所の保育園の子どもたちのお散歩と遭遇して、ほっこりした」
「書店でおもしろそうな本と出会い、買ってきた」

といったように、ささやかながらもよかったことを書き出していきます。

「フォー・グッド・シングス」では、よかったことを4つに増やし、1つのよくなかったことを書き出していきましょう。

やり方としては、まずその日にあったネガティブな出来事を1つノートに書きます。その後、書き出したネガティブな出来事を囲むように、その日あったポジティブ

フォー・グッド・シングス

ネガティブな出来事を紙の中心に1つ書く。その周りに、今日よかったこと、嬉しかったことを4つ書き出そう。4つのよいことで、1つの悪いことを包み込むイメージで！

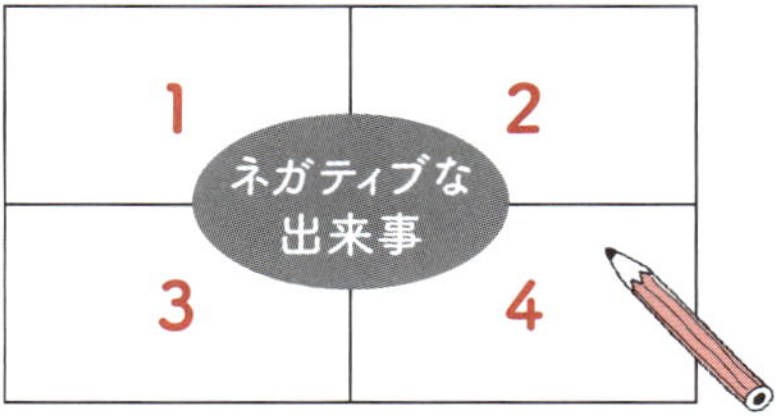

な出来事を4つ書いていきます。

強く印象に残っているネガティブな出来事1つを、4つのグッド・シングスで包み込むようなイメージです。

「できる自分／できない自分」どちらも大切な自分

たとえば……

「ダイエットしているのに、我慢できずパフェを完食しちゃった！」

- 1 でも、本当においしかったー。
- 2 我慢してきた気持ちが晴れて、スッキリした。
- 3 持ち帰りのケーキを買わなかった。

○4　自分は、偉いと思う。
明日からまたダイエットがんばろう！　とやる気になった。

というふうに、ネガティブな出来事に前後してあったポジティブなことをピックアップしてもいいですし……

「ダイエットしているのに、我慢できずパフェを完食しちゃった！」

○1　朝、いつもどおり一駅分歩いたら、途中で愛嬌のある猫に会えた。
○2　仕事はばっちりタスクを消化できた。
○3　同僚から「この間の仕事よかったね」と言われた。
○4　パフェが本当においしかった。

ネガティブな出来事とは直接関係ないトピックを選んでもかまいません。
大事なのは、たとえ習慣を途切れさせてしまう行動を取ってしまったとしても、それ以上のよい出来事が自分にはたくさん起きていると自覚すること。すると、**失敗を**

悔やみ、自己嫌悪をくり返すネガティブな反すう思考に陥らず、気持ちを切り替えることができます。

スリー・グッド・シングスとフォー・グッド・シングスの違いは、ネガティブな出来事を中心に据えることで対比され、ポジティブが際立つ点です。

その結果、「できる自分／できない自分」のどちらもあって当たり前と感じることができ、失敗や挫折を経験した自分を受け入れられるようになっていきます。つまり、セルフ・コンパッションが養われるのです。

セルフ・コンパッションは自己受容感を満たし自己肯定感を高くします。そうすると、身体までもしなやかになり、楽しくラクに「習慣の反発期」を乗り越えられます。習慣はあなたの新しい人生の一歩になります。楽しく反発期を乗り越えましょう。

ピア・プレッシャー

教室やジムに通うのは習慣化の後押しに！

2つ目のテクニックは「**ピア・プレッシャー**」です。

通常、ピア・プレッシャーは「同調圧力」と訳され、「チームや組織で仕事をするときの気疲れやストレスの原因」として、ネガティブな文脈で語られます。

でも、じつはうまく活用することで、習慣化を後押しする力になってくれます。特に「習慣の反発期」には、有効です。

というのも、「やめたい」「投げ出したい」と三日坊主を誘発する感情が強くなる習慣の反発期は、とにかく行動しながら自己受容感を満たしていくことが重要になってきます。取り組み始めた新習慣をやめずに継続することが、何よりも自己受容感を満たすエネルギーになるからです。

ピア・プレッシャーの**ピアは「仲間」**のこと。**仲間からのプレッシャーを「期待」や「励まし」へと変換していきましょう。**

ここでテクニックとしてオススメする「ピア・プレッシャー」は、同じ習慣に取り組む仲間をつくり、お互いに励まし合うという方法です。

考えてみると、ピア・プレッシャーの効能はすでに多くの人が知っています。

たとえば、英会話を筆頭に、語学を習うとき、初心者も中級者も自分に合ったスクールを利用しようと考えますし、運動習慣を始めるときにはジムやスポーツのサークルに入ることを検討します。

教室やスクール、ジムなどに通うメリットは、自分より知識や経験が豊富な指導者に教わることで、効率的に学べる点ですが、習慣化という意味ではそれ以上に役立つポイントがあります。

それは**仲間ができる**ことです。

実際、ピア・プレッシャーの効果について調べた研究では次のような効能が明らかになっています。

- **お互いに高いモチベーションを持っているため、相互に生産性が高まる。**
- **仲間同士のコミュニケーションによって適度な緊張感と競争意識が生まれ、生産性が向上する。**
- **取り組むことのつらさがわかるので、お互いに助け合うことで継続力が生じる。**

あなたもオフィスで働いているとき、納期を控え、周囲がテキパキと仕事をしていると、つられるように自分の取り組みの効率がよくなったり、趣味のスポーツで自分より少しできる人と一緒にプレーすることで短期間の間に上達したり、といった経験があるかもしれません。

これは知らず知らずのうちにピア・プレッシャーの恩恵を受けていたからです。

私たちは新たな習慣に取り組むとき、「毎朝、1時間勉強する」「毎日、60分ジョギングをする」「体重を5キロ落とす」など、目標や目的を書き出したり、自分に宣言したりします。

もちろん、こうした形で見える化することは、無意識に働きかけ、行動を促す一定の効果があります。ただ、私たちの脳には現状維持を好む以外にも困った癖があって、**目標や目的を宣言するとそれだけで達成した気分になってしまう場合がある**のです。

たとえば、どのダイエットを試しても習慣が続かないと悩むセミナー受講生・Hさんも、自分の中で目標を立て、やせるための新習慣を取り入れてもしばらくすると安心してしまい、思わず落ち込んでしまうような失敗をして挫折、自己嫌悪に陥る……という経験をしていました。

「体重を5キロ落とす」と宣言→数日間、ストイックに食事制限と運動をがんばる→

脳が達成した気分になる↓満足してがんばりの反動が出る↓習慣が途切れる↓落ち込む

「ピア・プレッシャー」には、この「習慣の反発期」に起きがちな悲しいループを防ぐ効果があります。

いいことも悪いことも仲間に報告しよう

「ピア・プレッシャー」の使い方を説明します。

まず、新たな習慣にチャレンジしようと決めたとき、思い描いた「なりたい自分像」を思い出しましょう。

その「なりたい自分像」に近づくための習慣を目標、目的として書き出します。

「今よりもっと健康でキラキラした自分になりたい」（なりたい自分像）なら、「糖質制限の食事習慣と1日1時間の運動習慣を取り入れる」です。

「英語を武器に自由に生きる自分になりたい」（なりたい自分像）なら、「毎日英語の勉強を習慣にする」です。

そして、それをあなたの周りにいる**親しい人、同じ習慣にチャレンジしている人、チャレンジしようとしている人に決意表明**しましょう。

ただし、ただ決意表明して終わりではありません。3日に1回ペースで習慣の進捗度合いを報告し合う会をつくります。もちろん、リアルに会ってでもいいですし、SNSやメッセージアプリを使って、「火曜日だけ休んじゃったけど、残りの2日間は宣言どおりの習慣を達成できた」「1日1コマずつ、オンラインで英会話の授業を受けることができた」と報告し合う形でもかまいません。

他のメンバーはあなたよりもうまく習慣化が進んでいるかもしれませんし、逆のパターンもあるでしょう。いずれにしろ、決まった相手と報告し合うことで、習慣化に向けて段階的に行動を起こし続けることができます。

このように**「決意表明＋報告」を仲間と共有する**こと。それが、「ピア・プレッシャー」となり、「習慣の反発期」を切り抜ける強力な後押しとなるのです。

どのダイエットを試しても習慣が続かないと悩むセミナーの受講生・Hさんには、気持ちも新たに食事や運動の新習慣に挑むタイミングがやってきたら、ジムやジョギングなどのサークルに入ることをアドバイスしました。

仲間のいる環境は、1人きりでがんばるよりもうまくいく可能性が高まります。それは失敗したときに、同じような挫折を味わったことのある仲間が励ましてくれるから。経験者の客観的な意見にふれることで、「できる自分／できない自分」をそのまま受け入れられるようになります。

つまり、「ピア・プレッシャー」もまた「フォー・グッド・シングス」と同じく自己受容感を満たしてくれるのです。失敗してもいい、周りの人に頼ってもいい、みんなの力を借りましょう。

Point

- 現状維持を求める脳をだましながら、反発期を乗り越える。
- 「フォー・グッド・シングス」「ピア・プレッシャー」で自己受容感を満たそう。

自己肯定感と習慣化のステップ

3

習慣の忍耐期

〈9日目から21日目〉

油断をすると習慣が途切れる不安定な時期。
「できる!」と思える小さな成功体験がカギ!

自己効力感

「気分が乗らなくて、習慣が途切れそう」の賢い対処法

「習慣の反発期」を越えた先にやってくるのが、3つ目のステップ**「習慣の忍耐期＝自己効力感」**です。

習慣の種から芽吹いた若木はゆっくりと成長し、そこから新たな枝を伸ばし始めます。ある程度、習慣が日々の生活のリズムの中に溶け込み、反発期にあったような「サボりたい」「やめたい」という魔のささやきも遠のきます。

ただ、新習慣が定着したかと言えば、まだ道半ば。油断すると途切れてしまいそうな状態をなんとかくぐり抜けていくために、自分はできると思える自己効力感を満たしていく必要があります。

「習慣の忍耐期」は、幹を太くし始めた若木が順調に枝を伸ばせるように**周囲の環境を整える時期**です。雑草を抜いて、陽射しを遮るものがあれば取り除き、水をやり、肥料を足しながら、次の「習慣の成長期」へとつなげていきます。

そのとき注意したいのが、習慣がある程度、生活のリズムに溶け込んできた分、誘

惑やじゃまに遭遇する頻度も高くなるということ。

誘惑の多いイベントへの誘い、想定外の人間関係のトラブルからくるストレス、体調不良、天候の思わぬ変化、ふとしたときに急浮上する「そもそも、この習慣をやる必要ある？」という疑問……。

そんな「習慣の忍耐期」を迎えるに当たって、心に留めておきたいのは**「油断すると習慣を継続できなくなる不安定な期間だ」**と自覚することです。反発期を越えたことで安心していると、思わぬアクシデントで習慣が途切れてしまいます。揺り返しがくることに備えて、耐える気持ちが重要です。

その忍耐力のエネルギー源となるのが、自己効力感。そして、自己効力感を満たすのは、**自分は「できるんだ！」「やれる」「変われる」と思える小さな成功体験の積み重ね**です。

やる気が出ないときは、休むのも全然アリ！

たとえば、部下や後輩、取引先のミスをカバーするために予想外の残業が発生。睡眠時間が削られ、やると決めていた朝の勉強習慣や就業後の運動習慣が途切れてしまったとしましょう。

翌日も疲れが残っています。


「早起きして勉強するの、しんどいな」

「家に帰ったあと着替えて運動するの、大変だな」


そんなふうに感じるのは自然なことです。もし、私がその場にいてアドバイスするなら、「今日はおいしいものでも食べて、すぐに寝ちゃおう！」「ゆっくりお風呂に入って、たっぷり休んじゃおう！」とサボるのを後押しします。

習慣化のサイクルを回しているのに、習慣が途切れるのを応援するのは矛盾している！　と思われるかもしれません。でも、いいんです。

「習慣の忍耐期」は、習慣の6ステップの3ステップ目。この先、まだ何ステップも残っています。その間には、きっとまた突発的な出来事が発生して、習慣が途切れる日がやってくるはずです。

そんなとき、踏ん張って、がんばって、意志の力で無理をして、習慣が途切れるのを防いでいくのはしんどいですよね？

そうではなく、「今日は無理！」「しんどい！」という日があったら、スパッと切り替えてサボっちゃいましょう。でも、ルールがあります。

トラブルが起きて大変な日は、休みましょう。

でも**サボるのはその日、1日だけ。次の日からは元のサイクルに戻り、習慣化に取り組みます**。

このルールを守れば、習慣が途切れたことに落ち込んで習慣化のサイクルそのものをやめてしまうことがなくなります。また、一度、習慣が途切れても復活させられたという**小さな成功体験が積み重なり、「できるんだ！」と自己効力感も満たされる**わけです。

じつは、「トラブルが起きて大変な日は、休みましょう。ただし、サボるのはその日、1日だけ。次の日からは元のサイクルに戻り、習慣化に取り組みます」という文章は、ある心理テクニックに沿って組み立てられています。

if-thenプランニング

1日サボっても、大丈夫。また続けよう

これは「**もし（if）Xが起きたら、行動Y（then）をする**」と前もって決めておく、「**if-thenプランニング**」と呼ばれる、習慣化を後押しするのにもっとも効果的な心理テクニックです。

習慣化のサイクルを進めていると、どうしても習慣が途切れてしまう場面がやってきます。そのときに備え、事前に「こういう行動を取りましょう」と仕組み化しておくと、ピンチを切り抜けることができるのです。

しかも、「if-thenプランニング」が優れているのは、習慣をサボっちゃおう！といった例外もルール化できるところ。あらかじめ「**Aという状況になったときには、Bをしよう**」と決めておくだけで、罪悪感を持つことなくチートデイ（サボる日）をつくり、リフレッシュできるのです。

「トラブルが起きて大変な日（if）は、休みましょう。ただし、サボるのはその日、1日

1 種まき期
2 反発期
3 忍耐期
4 成長期
5 開花期
6 達成期

だけ。次の日からは元のサイクルに戻り、習慣化に取り組みます（then）」

早起きを習慣化したい人は「目覚ましが鳴ったら（if）、そのまま5回腹筋をする（then）」、自分と向き合う時間をつくりたいなら「昼休みになったら、（if）、最初の15分はオフィスの近くの公園を散歩する（then）」、資格試験の勉強を毎日続けたいなら、「帰宅したら（if）、まっすぐ机に向かい、テキストを開く（then）」などと決めておきましょう。

すると、「あと5分寝たい」「忙しくて余裕がない」「着替えて一息ついてから」といった欲求にじゃまをされる前に、自動的に習慣を続けることができるようになります。なぜなら、「**いつ、どこで、どういう状況でやればいいか**」を決めると、脳は自動的に反応しやすくなるからです。

人間はもともと「危険があったら、逃げる」「おいしそうな食べ物があったら、とりに行く」など、ある状況下ではこの行動を取るという本能に従って生きてきました。

つまり、「if-then プランニング」は私たちを意志の力とは関係なく、無意識のうちに行動を促すもっとも適したロジックなのです。しかも、そこで得られる手応え、小さな成功体験は、「自分はできる」という自己効力感を満たしてくれます。

また、「if-then プランニング」は心理学、脳科学などの数多くの学術研究で行動だけではなく、思考にも強い影響を与えることがわかっています。

たとえば、習慣が途切れて落ち込み、もうどうでもいいや！　と習慣化のサイクルを手放してしまった経験があるなら、こんなルールをつくっておきましょう。

「習慣化がうまくいかなかったと落ち込むかもしれない（if）」と思ったときに「仮に習慣化がうまくいかなくても、私の価値は変わらない（then）」とつぶやきます。すると、挫折によって自己肯定感が低下する自動思考を防ぐことができるのです。

職場の人間関係に悩んだら試してほしいこと

以前、とある大企業に勤める20代のKさんから、職場の人間関係に関する悩みを聞きました。元々、引っ込み思案なところがある彼女は就職後、社員数の多さに圧倒されて、なかなか職場に馴染めずにいたのです。

人間関係を円滑にしたい。打ち合わせで自分の意見を言えるようになりたい。そんな希望を持っていました。

そこで、私は「挨拶」の習慣化に取り組むようアドバイスしました。同じ会社の人、取引先の人、偶然居合わせた人など、相手を選ばず、出会った人には自分から挨拶をすること。これを習慣として習慣化のサイクルに取り入れていったのです。

しかし、「習慣の忍耐期」になる頃には、Kさんの中に「オフィスで出会う全員に挨拶するのは、無理。がんばりすぎて疲れてしまう」「相手が急いでいるときは、変な目で見られている気がする」といった思いが渦巻くようになりました。

そこで、「if-then プランニング」の出番です。

1　物事がうまく運ばなくなりそうな場面をイメージする。

「挨拶をしたいけど、全員に挨拶するのは無理。また、相手が急いでいるように見えるときは、迷惑になりそう」

2　もし、「1」の状態になったらどうするかを考えておく。

「オフィスで会った全員に挨拶を続けていると、習慣そのものが途切れそうだから何か対策したい。相手によってやり方を変えよう」

○3 「2」で決めた対処法「if-then プランニング」の形にする。

「エレベータ前で会った人には（if）、相手を問わずに挨拶する（then）」
「社員食堂で会った人には（if）、必ず挨拶する（then）」
「廊下ですれ違った人には（if）、目を合わせたあと、黙礼する（then）」
「迷惑そうだと考えているのは自分（if）。挨拶しないと結果はわからないから、社員食堂で会った人には必ず挨拶する（then）」

その他にも、「打ち合わせの前は、2回深呼吸してから席につく」「打ち合わせでは、必ず1回発言する」といったルール化も行いました。

多くの場合、人間関係は周囲が自分の存在を知り、接触回数が増えることで改善していきます。これは接触回数が増えるごとに相手への好感が増す「**単純接触効果**」が働くからです。

また、職場のような同じ目的を持った集団では、「内集団バイアス」と呼ばれる身内を大事にするバイアスも作用します。

Kさんは「if-then プランニング」で状況に応じた挨拶習慣をつくり、習慣化のサイクルを継続させたことで、徐々に社内での居場所を確保していくことができました。
また、打ち合わせ時のルール化によって発言が増えたことで、「自分もできる」「私も変われる」という感覚をつかみ、自己効力感を満たしていったのです。

「休んでもいい」「サボってもいい」例外も仕組み化

あなたも「もし○○したら……どうしよう……」と習慣化が途切れてしまいそうな場面があったら、そのシチュエーションに合う「if-then プランニング」を用意していきましょう。

「今日はどうしても英語のテキストを開きたくない……というときは、ネットフリックスで字幕版の映画を1本観よう」
「雨が降っていて外を走りたくない日は、YouTube でトレーニング動画を見ながら体を動かそう」

そんなふうにして、「習慣が途切れたときも、別のプランを実行して対処しよう」という形で対応策を用意しておけば、「習慣の忍耐期」を乗り切ることができます。

大事なのは、「休んでもいい」「サボってもいい」という例外も仕組み化してしまうこと。そして、そのときの行動（then）は、楽しみながら取り組めるものにしましょう。

すると、習慣化に完璧を求めて自分を追い詰めるような場面が減っていき、「たまには休んでもいいか」というリズムが生まれ、同時に「なんだかんだ、自分はできるんだ」「大丈夫、うまくいっている」「やった!! 上手に切り替えられた！」と自己効力感が満たされていくのです。

Point

- 習慣の忍耐期は、「自分はできる！」と思える自己効力感が大切。
- 「if-then プランニング」を使って例外ルールを用意しておく。

自己肯定感と習慣化のステップ

4

習慣の成長期

〈22日目～31日目〉

生活の中に習慣のリズムが生まれる時期。
「まだらな成長期」を楽しむ余裕を持つ。

自己信頼感

迷いが生じる成長期は「自己信頼感」で乗り切る

習慣化のサイクルの4つ目のステップが**「習慣の成長期＝自己信頼感」**です。

成長期……と聞くと、ここから一気に習慣化が順調に進んでいくようなイメージを持つかもしれませんが、正確には**モヤモヤな成長期**と言ったほうがいいでしょう。

習慣の種が芽吹き、育ってきた苗木は枝を伸ばし、たくさんの葉をつけ始めています。新しい習慣に取り組んだことで見えてきた気づき、広がった人間関係、新鮮な驚きなどが、あなたのモチベーションを高め、無意識のうちに習慣を実践できている日も増えています。しかし、まだまだしんどさを感じる日もあり、ある程度、習慣が身についてきたからこそ、「もしかしたら、違うやり方、もっと別の習慣を試したほうがいい成果が出るのではないか？」とモヤモヤすることも増えてしまいます。

たとえば、英会話力をアップさせるために「週に3回、英会話スクールに通う」という習慣を始めたとしましょう。1カ月ほど続くと、生活の中に習慣のリズムが生まれ、通うことそのものへの抵抗感は薄らいでいきます。

でも、**同時に最初の頃に感じた緊張感、新鮮さ、驚きは薄らぎ、もっと別の刺激を求める**ようにもなってきます。

初歩的な会話はできるようになってきたけど、思うように上達していかない……。並行してオンラインでのマンツーマン・レッスンを増やしたらいいのでは？ ビジネス、旅行などもっとテーマを絞ったレッスンにコースを変えた方がいいのでは？ と。取り組んでいるからこその疑問が生じ、自分がやっていることを信じきれない気持ちが生じるわけです。

このように「**習慣の成長期**」**は、まだらな成長期**。言わば、モヤモヤする停滞期でもある**この時期をクリアするには自分を信じる自己信頼感が不可欠**です。

自己信頼感は、自分を信じる感覚。これが失われていき、自己信頼感が低下すると、何事にも消極的になり、挑戦していたことを途中であきらめてしまう場面が増えていきます。すると、連動して自己効力感も揺らぎ、自己肯定感そのものも下がってしまうのです。

逆に、自分の価値観に従って信じた行動を実践できれば自己信頼感は満たされていきます。モヤモヤを抱えながらも成長していく「習慣の成長期」を充実させるためには、自己信頼感が欠かせません。

そして、この時期を乗り越えるためのキーワードが**「緊張と緩和」**です。

「緊張と緩和」のメリハリがモヤモヤ解消に効く！

「緊張と緩和」が重要なのは、モヤモヤしながらも成長していく上で**「迷い（緊張）ながらも楽しく（緩和）行動すること」が自分を信じる道につながる**からです。

そこで、「習慣の成長期」まで達したクライアントさんたちに私からオススメしているのが、3つの心理テクニックです。

1 エクスプレッシブ・ライティング
2 ポモドーロ・テクニック
3 コーピング

エクスプレッシブ・ライティング

モヤモヤ感情を紙に書き出してスッキリ!

では、1つ目の「**エクスプレッシブ・ライティング**」から。これは「このままでいいのかな?」というモヤモヤが膨らんだときに実践します。

エクスプレッシブ・ライティングは、1980年代に生まれた心理療法の1つです。行うことはシンプルで、あなたが感じている**モヤモヤ、ストレスに思っていることなど、負の感情をひたすら紙に書き出していくだけ**。誰かに見せるものではありませんから、忖度《そんたく》や遠慮はナシにして、思いのまま正直に綴っていきましょう。

私たちの脳には、モヤモヤと「これでいいのかな?」と気にかかっていることほど忘れられない性質があります。

この性質をアメリカの心理学者ダニエル・ウェグナーは「何かを考えないように努力するほど、かえってそれが頭から離れなくなる」と分析し、「**皮肉過程理論**」と名づけています。自分の取り組んでいる新習慣への「これでいいのかな?」「このままでいいのかな?」というモヤモヤは、「忘れたい」「こだわらない」と思えば思うほど、

意識されてしまうのです

だからこそ、モヤモヤが溜まり、精神的な緊張状態になったときには、エクスプレッシブ・ライティングが役立ちます。

「今のやり方を続けていて、意味があるのかな？」
「勉強習慣をしんどく感じる」
「カロリー制限の考え方と運動の組み合わせ、このままでいいのかな？」
「単純に、新しい習慣に飽きてきた」
「そろそろ違う方法を試してもいいんじゃないかな？　どうかな？」

そんなふうに負の感情をひたすら書き出すと、それを客観的に眺められるようになり、「ま、いいか」「これはこれとして……」とモヤモヤに句読点を打つことができるのです。このスッキリ感は次の行動に移るモチベーションとなります。

エクスプレッシブ・ライティングが精神的な緊張状態を緩和させてくれるのです。

そして、十分に**モヤモヤを書き出せたら、紙の上に花マル**をつけましょう。これは自分で立てた目標に向かって新しい習慣を始め、それを信じて取り組んでいる自分を承認する花マルです。

ステップ1 **制限や忖度、遠慮ナシに思っていることをどんどん書き出す。**
ステップ2 **書き出し終えたら、どんなモヤモヤを抱えているのか眺める。**
ステップ3 **確認したら、花マルをつける。**

これで「エクスプレッシブ・ライティング」は終了です。花マルをつけた時点で、脳はモヤモヤした思考に一区切りつけ、気持ちを新たに習慣への取り組みを再開できるようになります。

ポモドーロ・テクニック

25分実行＋5分休憩のサイクルで集中力アップ

2つ目の「ポモドーロ・テクニック」は、実際に習慣を実践している最中に取り入れて欲しいテクニックです。

ポモドーロ・テクニックは、**仕事や勉強、家事などのタスクを25分間続けたあと、5分間の休憩を取り、そのサイクルを最大4回続けるという時間管理術。**生みの親は、イタリア出身のソフトウェアエンジニアで、コンサルタントのフランチェスコ・シリロさん。トマト型のキッチンタイマーを使って、このテクニックを実践したことからポモドーロ（トマト）・テクニックと名づけられました。

ポイントは25分を一単位にして取り組みを区切り、その間は決めたタスクに集中し、スマホを見たり、別の作業をしたりしないこと。すると、集中力が高まり、取り組みの生産性が向上することが実証されています。

本家であるシリロさんのポモドーロ・テクニックには、次の6つのステップがあります。

ステップ1　実行するタスクを決める。
ステップ2　タイマーを15分に設定。
ステップ3　タイマーが鳴るまでタスクを行う。

ステップ4 タイマーが鳴ったらタスクを終え、やることシートにチェックマークをつける。

ステップ5 5分間の休憩を取る。

ステップ6 ①～⑤のステップでポモドーロを4回転させたあとに長い休憩（20～30分）を取る。4回転で1つのタスクを終了させるイメージ。長い休憩でリフレッシュし、次のタスクに入っていく。

これを習慣に取り組むとき、応用しましょう。

- **運動習慣なら、25分間体を動かして、5分休憩。**
- **資格試験の勉強習慣なら、25分間問題集を解いて、5分休憩。**
- **読書習慣なら、25分間読んで、5分休憩。**

そんなイメージです。もちろん、食事習慣やポジティブ思考の習慣など、取り組む新習慣によってはポモドーロ・テクニックがうまく当てはまらないケースがあります。

そのときは無理に活用しようとせず、他のテクニックを使いましょう。ただ、集中して取り組む時間と休憩する時間というメリハリ、緊張と緩和のリズムを意識すると、習慣が持続しやすいことは覚えておいてください。

花マルとご褒美 ——小さな報酬が「続ける」モチベーションになる

そして、**休憩時間にはご褒美**を。

短い5分間の休憩用に、旅先で撮った思い出の写真や子ども、家族、ペットなどの写真をまとめたアルバムを用意しておき、眺めながらぼんやり。好きな写真、短めの動画などもいいでしょう。

また、軽くストレッチしたり、深呼吸をくり返したり、体をほぐしてリラックスするのもオススメです。いずれにしろ、25分間集中していたタスクから離れて脳を休ませることを意識しましょう。

これはポモドーロ・テクニックを4回転させ、長めの休憩に入るときも同じです。

時間がある分、丁寧に自分を甘やかしていきましょう。

たとえば、コーヒーが好きな人は豆から用意して、ゆっくりと淹《い》れていきます。じつは、脳内では「コーヒーを飲みたい」（好きなことしよう！）と思って準備をしている間にもっとも多くのドーパミンが分泌され、ワクワクした気分が高まります。

その後、コーヒーを飲み始める（好きなことに取り組み始める）とドーパミンの量は徐々に減っていき、その代わり、求めていた香りや味を楽しむこと（好きなことを楽しむ）で今度はβエンドルフィンの量が増えるのです。

βエンドルフィンはドーパミンの効果を持続させる働きをするので、**ワクワクした気分が続き、集中して取り組んでいたタスクによる疲れを忘れさせてくれます。**

こうしたご褒美の効果を理解した上で、あなたにとっての嗜好品を用意しておき、仕事中や勉強中の休憩に役立てていきましょう。

- **デスクの上に大好きなサボテンの小さな鉢植えを置き、5分休憩中に愛でる。**
- **大好きなチョコレートを用意して、5分休憩におやつの時間を取り、仕事の手を止め、ちょっとずつ食べる。**

○長めの休憩中、15分から20分の昼寝（パワーナップ）をする。

こんなふうに習慣への取り組みの中にも緊張と緩和のリズムをつくり、ご褒美を用意することで、小さな満足感、うまくいった感覚を得ることができます。そのくり返しが、「意外とできるな」「楽しく取り組めているな」という記憶になり、自分を信じる力、自己信頼感を満たしていくのです。

コーピング

「モヤモヤ解消リスト」をつくろう

「習慣の成長期」に役立つ3つ目のテクニックは、「**コーピング**」。

これは習慣への取り組みのモヤモヤが溜まり、ストレスが高まったときのために備えておくと効果的な事前の対策です。また、コーピングを行うことそのものにストレス解消の効果があります。

コーピングとは、ストレスへの対処法のことで、NASAの宇宙飛行士も活用しているテクニックです。

コーピングにはいくつか種類がありますが、ここではリストを使った方法を紹介します。

やることは非常にシンプルで、あなたがストレスを感じたとき、**気晴らしになりそうな解消法をあらかじめ書き出しておき、リスト化するだけ**。1つひとつの解消法はどんな小さなことでもOKです。とにかく数多く50個くらいを目安に、あなたにとって気分転換になる方法をリストアップしていきましょう。

ただし、ストレスを感じたとき、すぐに実行できるものがいいので、「海外旅行に行く」「推しのイベントに参加する」といった**事前準備の必要な取り組みはリスト外**にしてください。

もう少し身近なところで、「伸びをする」「猫の写真を見る」「散歩する」「料理のレシピを考える」「新しい本を読む」「お気に入りの本を再読する」「お茶を飲む」「花を眺める」「ぎゅっと目をつぶって開ける」「好きな曲を大音量で流す」「歌を歌う」「お笑いの動画を見る」「パートナーとゆっくり話す」「マッサージに行く」「旅行のアルバムを見る」「銭湯に行く」「サウナに入る」「畳に寝っ転がる」「ノートに好きなことを書く」「本棚を整頓する」「5分だけ部屋を掃除する」「いい匂いのアロマを楽しむ」

「スキンケアに時間をかける」「旅行の計画を立てる」など、思いつくままにどんどん、どんどんリストアップしていきましょう。

じつはこの書き出す作業そのものが脳の認知機能を司る前頭葉を活性化させ、不安やストレスに反応する扁桃体《へんとうたい》という部位の活動を抑える効果があります。つまり、リストアップするだけでストレスが解消されていくのです。

さらに、コーピングのリストが完成すると、2つのメリットがあります。

1つは、ストレスを感じることを前提にしてリストをつくることで、**「習慣化の過程でモヤモヤ、ストレスを感じてもいい」と割り切れる**こと。

もう1つは、**「いざとなったとき、モヤモヤやストレスに対処するリストがある！」**と安心できることです。

「何があっても大丈夫、自分は対処できる」と自己信頼感が増していきます。

自分を客観的に見て、ポジティブに評価してみよう

そして、「習慣の成長期」を含め、習慣を継続できない日がやってきたときは、準

備してあるコーピングのリストからモヤモヤを解消する行動を選び、実行しましょう。**1つですっきりしなければ、2つ、3つと続けていきます。**「伸びをする」（なんかいまいち気持ちが切り替わらない）、「猫の写真を見る」（もう一押し欲しい）「散歩する」（フレンドリーな野良猫に出会って、モヤモヤがどこかへ）といったイメージです。

ここで大事なのは、リストにある行動をしたことでどれくらいストレスが減ったか自分のことをよく観察すること。そして、モヤモヤが晴れ、ストレスが減ったとき、それがコーピングの効果だと自覚すること。

すると、「自分はこういうときにストレスを感じるんだな」「でも、リストのこれをすると気分がよくなるな」などがわかります。

これは自分を客観視する「**メタ認知**」と呼ばれる状態。この視点を持てるようになると習慣化のサイクルがよりうまく回り始めます。なぜなら、「習慣の成長期」にいる自分を「**モヤモヤしているけど、たしかに種まき期よりも前に進んでいる**」**と客観視し、ポジティブに評価できる**からです。

「エクスプレッシブ・ライティング」「ポモドーロ・テクニック」「コーピング」の3

つのテクニックは、どれもあなたに自己信頼感の回復と、自分を客観視するチャンスを与えてくれます。
つまり、「習慣の成長期」は自分を信じることで、するすると乗り越えていけるのです。

Point

- モヤモヤ成長期には「客観視」が必要不可欠。
- 「エクスプレッシブ・ライティング」で負の感情を吐き出す。
- 「ポモドーロ・テクニック」で集中力がぐんぐん上がる！
- 「コーピング」でモヤモヤ解消リストをつくる。

自己肯定感と習慣化のステップ

5

習慣の開花期

〈32日目〜60日目〉

意志の力を使わなくても習慣化できている時期。
「私が決めた！」の後押しで、満開の花が咲く。

自己決定感

「内発的動機づけ」でやる気をキープ！

習慣化のサイクルの5つ目のステップが**「習慣の開花期＝自己決定感」**です。

あなたのまいた習慣の種は芽吹き、苗木になり、枝を伸ばし、葉を茂らせ、花を咲かせるまでになりました。取り組んでいる新しい習慣は、もう「よし、やるぞ！」と意志の力を使わずとも行えるようになっているはずです。

ただ、この開花期には習慣を投げ出してしまう落とし穴があります。それは無意識のうちに実行できるようになったことで、モチベーションが下がり、魔が差すように「もう、いいか」と習慣を手放すマインドがやってくるのです。

感情はどうしても揺らぎ、一喜一憂します。これはどれだけメンタルコントロールを学んだ人も変わりません。周りから「菩薩のような人」と言われている温和な人でも、イライラしたり、やる気が出なくなったり、現状の不満な点にばかり目がいったり、習慣を投げ出したくなったりします。

でもそんなとき、「菩薩のような人」は身につけているメンタルコントロール術を使って通常運行の感情に戻すことができるから、菩薩のように見えるのです。

「習慣の開花期」の落とし穴にハマってしまったときに必要なのは、新しい習慣に取り組もうとした原点を見つめ直すこと。意志の力に頼らず、習慣を実践できるようになっているからこそ、この時期に**「自分がなぜ、この新習慣に取り組もうと思ったのか」を思い出しましょう**。


それが、自分で決めた感覚、自己決定感を満たし、改めて習慣に取り組むモチベーションを復活させ、開花に導いてくれます。意志の力で取り組み始め、徐々に定着してきた習慣が、本当の意味で無意識下に根づき、あなたのものになっていくのです。

心理学の世界でモチベーションという言葉は「動機づけ」とも呼ばれ、大きく分けて**「内発的動機づけ」**と**「外発的動機づけ」**の2種類に分類されます。

資格試験の勉強でたとえると、「内発的動機づけ」はあなたが「学びたいから試験勉強をする」「心からこの資格が必要だと感じているから受験する」と、自ら主体的に活動している状態です。

自分が学びたいから勉強しているので、モチベーション高く勉強習慣を続けることができます。

一方、「外発的動機づけ」は「上司に取れと言われたから」「資格がないと異動させられるから」と目的を達成するための手段として取り組んでいる状態。勉強をしていることには変わりありませんが、「内発的動機づけ」に比べるとモチベーションは低い状態になります。

習慣化という視点で見たとき、やはり内発的動機づけが欠かせません。「習慣の開花期」に花を咲かせるためには、改めて「私が決めた！」「ワクワクするからやる！」という感覚を感じることが必要なのです。

ゴールデンサークル理論

気持ちが揺らぐときは、原点に立ち返る

以前、ヨガスタジオを経営するクライアントの女性・Tさんから勉強習慣に関する悩みの相談を受けました。

Tさんは独立開業した1号店が順調にいき、2号店、3号店を出店していく計画を準備中です。ただ、自分にはヨガや健康の知識は豊富でも、経営実務に関する勉強が

足りないと感じ、仕事が終わったあとの時間に勉強習慣を取り入れようと習慣化のサイクルにチャレンジ。順調に習慣は定着し、「習慣の開花期」までやってきました。

ところが、ここにきて急に机に向かっても集中できない日が増えてきたのです。「テキストを開いても、なぜかやる気が出なくて、内容も頭に入ってこない」「このまま習慣として勉強していても、惰性になってしまうだけなのでは?」と。そんな悩みでした。

そこで、最初に提案したのは**「ゴールデンサークル理論」**の**「Why／How／What」**の質問を自分に投げかけてもらうこと。

- **Why……なぜそうするのか**（信念、目的、どんな自分になりたいのか）
- **How……どうやるのか**（どういう方法で取り組むのか、どんな習慣を取り入れるのか）
- **What……何をするのか**（具体的にどんな行動を起こすのか）
- **Why……より多くの人にヨガのよさを広める自分になりたい。だから店舗を増や**

したい。

- How ……そのために経営実務にも強くなりたい。
- What……仕事のあと、勉強をする時間を取り、勉強習慣を習慣化する。

これは「習慣の種まき期」の気持ちをもう一度、確認してもらうためです。

なぜ、新しい習慣に取り組むのか。どういう願望や考えがあって習慣化しようと決めたのか。Tさんが自分で決めた想いを思い出してもらいます。

「だから、やると決めたんだ！」と。それを再確認した段階で、自己決定感は回復し始めます。

スモール・タイムライン

未来の自分をイメージする

「習慣の開花期」にやってくる突然のモチベーションの低下から脱するトレーニングが、もう1つあります。それは「スモール・タイムライン」です。

これはメンタルトレーニングの一種で、近い将来の自分を思い描くことで「どんな自分になりたいか」を明確にし、自己決定感を高めます。

こんな自分になりたいのだから、今やるべきことはこれだ、と。

ゴールデンサークル理論の「Why」の問いを深く掘り下げるような効果があり、取り組んでいる新習慣の価値や意義を、改めてあなたに強く印象づけることができるのです。

スモール・タイムラインでは、**現在の自分を起点に3カ月後、6カ月後、12カ月後の自分をイメージ**します。

まずは次のような問いを自分に投げかけて、自由に想像を膨らませていきましょう。

- **「3カ月後、どんな習慣を実践しているか」**
- **「6カ月後、どんな成果を手にしたいか」**
- **「12カ月後、どんな自分になっていたいか」**

そして、思い描いたイメージと具体化した目標、実現したときによぎるはずの感情を書き出していきます。
先ほどのTさんならば……

○【目標】「3カ月後、経営実務に関連する資格試験に向けた勉強習慣を継続している」
○【感情】「なかなか大変。でも、がんばる」
○【目標】「6カ月後、資格を取得。次の店舗の開店準備を始める」
○【感情】「やったー！　次は新店舗オープンに向けた新習慣にチャレンジしよう」
○【目標】「12カ月後、2号店をオープン」
○【感情】「うれしい！　がんばった」

といったイメージです。

未来の自分を思い描くことには、過去から現在に至った自分の決断を振り返る効果、がんばりを認める働きがあり、自己決定感や自己受容感が満たされます。また、明確な目標を持ち、そこに向かおうとする自分を自覚することで自尊感情も上昇。つまり、自己肯定感を高めてくれるのです。

「私が決めた！」「ワクワク」の気持ちを大切に

逆に、スモール・タイムラインをやってみて、うまく自分の近い将来が思い描けない場合もあるかもしれません。そんなときも落ち込む必要はないので、安心してください。

今、目の前の仕事に手一杯で、なんとか新習慣を続けている……。そんな状態で近い将来に思いを馳せても、いいビジョンが浮かばないこともあるでしょう。

そんなとき大事なのは、手一杯な自分に気づくこと。すると、このままでは変われないかも……という自覚が生まれ、明るい未来像を描くためには今、抱え込んでいるものを減らさなければいけないと考えられるようになります。

あなたにとって**減らすべきなのは、抱え込みすぎている仕事や複雑になっている人間関係**かもしれません。**何を残し、何を減らすのか**。スモール・タイムラインを使って、近い将来に向けて、具体的なイメージを描きましょう。

○「3カ月後、どのくらい抱えこんでいるものを捨てられているか」
○「6カ月後、どんな状況になっていたいか」
○「12カ月後、身軽になった自分は何に取り組んでいるか」

たとえ、それが仮決めのイメージであったとしても、区切りがついたことで行動が促されます。そして、「自分で決めた！」という自己決定感も満たされるのです。

スモール・タイムラインは、「習慣の開花期」に訪れる突然の混乱を整理し、改めてあなたの進むべき道筋をはっきりしたものにしてくれます。しかも、未来を思い描く時間は気持ちをワクワクさせ、自己肯定感を高めてくれるのです。

あなたは日々の変化を楽しんで受け入れていますか？

どんなに回避しようとしても人生の変化は誰にも訪れます。それを悲観的に捉えるのではなく、現実を素直に認めること。その延長線上に未来を描くほうが、人生はうまくいきます。

私たちは好奇心を持って生きていくこともできますし、警戒心に縛られながら進むこともできます。どちらの道を歩むかは、自分で選び、自分で決められるのです。

つまり、**これからあなたに訪れる変化は、心の持ち方でいくらでも好転させられる**ということ。**何が起きても肯定的な側面に目を向ければ、うまくいきます。**

「習慣の開花期」にやってくる変化に対しても、「**私が決めた！**」「**ワクワクするからやる！**」という感覚を大事にし、対処していきましょう。あなたの思考もぐんぐん冴え渡り、感情もポジティブになり、モチベーションが勝手に高まってくるはずです。

Point

- 開花期は、「私が決めた！」という感覚がモチベーションにつながる。
- 「スモール・タイムライン」で未来の自分を想像しよう。

自己肯定感と習慣化のステップ

6

習慣の達成期

〈61日目〜66日目〉

習慣が完全に生活のリズムの中に溶け込む。
次の新しい習慣への準備をするのにも最適な時期。

自己有用感

これで、やる気や根気に頼らず、ラクに「続けられる」

習慣化の最終段階であり、新たなスタートのステップとなるのが「**習慣の達成期＝自己有用感**」です。

習慣の種から芽吹いた若木はゆっくりと成長し、そこから新たな枝を伸ばし、葉を茂らせ、花が咲き、ついに実った果実を収穫する段階までやってきました。

あなたが取り組んだ新たな習慣は完全に生活のリズムの中に溶け込み、無意識のまま、当たり前のように実践できるようになっています。

たとえば、ダイエットのために始めた運動習慣であれば、「習慣の反発期」には犠牲ばかりを感じていたはずです。ジムに数回通ったところで、急に体が引き締まるわけでも、足が速くなることもありません。目立った変化はなく、疲れが残ることでしょう。

そこから「習慣の忍耐期」に入り、筋肉痛に耐えながらトレーニングを続けます。少しずつ数値的な変化が現れるものの、運動そのものが楽しいと思えるところまでには達しません。

「習慣の成長期」には、習慣化のサイクルの序盤を支えた意志の力や新鮮味が薄れ、モヤモヤを抱えながら体を動かすことに。ただ、この時期には目に見えて感じられる体型の変化も出てくるので、それをご褒美に歩むことができます。

そして、「習慣の開花期」を迎える頃には徐々に体を動かすこと、トレーニングをすること自体に喜びを感じられるようになってくるでしょう。体重が落ち、お腹周りが引き締まり、腕や脚はいくらかたくましくなってきて、それが習慣を定着させようと思う理由になります。

そんな道筋を歩んで到達した「習慣の達成期」には、習慣を続けたことによって出た成果から一定の満足感を得ることができます。そして、私たちの脳は経験して満足したことについては、その行動をくり返す傾向があるのです。

つまり、**収穫した果実から得られる納得感が習慣化を強化してくれる**ということ。報われた習慣はくり返され、無意識のうちに持続していくのです。

さあ、次の「やりたいこと」にチャレンジしよう！

「習慣の達成期」は、次に取り組みたい習慣を探し始める時期でもあります。得た成果、成長した自分が周囲に役立っているという感覚によって自己有用感が満たされ、次に踏み出すエネルギーが得られるからです。

収穫した果実の中には、新しい習慣の種が入っています。それを土にまいたとき、また次の展開に向けてあなたの取り組みが始まるのです。

新たな一歩を踏み出すときのエネルギーも自己肯定感。特に「習慣の達成期」に得た自己有用感が習慣化の効能の裏づけとなって、あなたの背中を押してくれます。

自己有用感は、周囲の人や社会のつながりの中で自分が役立てているという感覚です。習慣の種から育んだ果実を誰かにあげて「ありがとう」と言われ、それがまたがんばるエネルギーになり、勇気と自信を持って次の一歩を踏み出すことができます。

誰かのために貢献し、それを喜びに変えられるのは私たちに備わっている特別な能力です。**誰かに「ありがとう」と言われ、相手にも「ありがとう」と言う**こと。そんなシンプルなコミュニケーションが、あなたの自己有用感を高めます。

プロローグで、**「習慣化がうまくいくと、余裕ができて周囲の人に気を配ることができ、半径5メートルにいる大切な家族、パートナー、仲間たちを幸せにすることができます」**と書きました。

習慣化のサイクルを回転させ、新たな習慣を1つ定着させたことで、あなたはなりたい自分に近づいたはずです。そして、その過程でさまざま経験を積み、感情の変化を味わい、習慣が途切れてしまう落とし穴への対処の仕方も学んできました。

その知見も習慣化のサイクルから得た果実です。それを周囲の人に配ることで、「ありがとう」の言葉が集まり、あなたの自己有用感は満たされていき、自己肯定感が高まります。つまり、**持続的な幸福感のスパイラルが生まれる**のです。

ピア・プレッシャー

仲間を増やして習慣化のサイクルを加速させる

あなたが習慣化のサイクルでダイエットに成功したのなら、その知見を身近にいるパートナーや友人に贈りましょう。あるいは、勉強習慣によって資格試験の合格という成果が得られたなら、次に同じ試験の受験を考えている同僚や後輩に習慣化のコツを伝えていきましょう。

「ピア・プレッシャー」についての解説で、仲間と一緒に行動することがお互いの習慣化の成功率を上げることに触れました。

これは私たちが周囲の影響を受けやすい性質を持っているからです。取り組む習慣が違っても、習慣化のサイクルにチャレンジしている仲間がいると、お互いのがんばりを見ながらよい影響を受け合い、1人で挑むよりも継続性が高まります。

「習慣の達成期」から次の「習慣の種まき期」に入る間に、あなたの果実を分けながら仲間をつくることをオススメします。今度は、**仲間を見つけ、宣言するだけではなく、あなたから声をかけ、コミュニティをつくっていくようなイメージ**です。

ただ、その際、注意したいことがあります。それは上から目線にならないことです。「教えてあげる」というアプローチは相手から反発されます。

そこで、こんなふうに、仲間が欲しいから協力して……という伝え方を心がけましょう。

「運動習慣がついて、ダイエットがうまくいったんだけど、もう少しトレーニングする習慣を続けていこうと思っているんだよね。隣でチャレンジしてくれる人がいると挫折しにくくなるらしいから、一緒にやってくれない？」

「次は、今回取れた資格に関連した別の資格を取ろうと思っているんだよね。そこで、勉強習慣を続けていくんだけど、もしよかったら一緒にやらない？　習慣が途切れそうなときの対処法も経験上いくつか知っているし、サポートできると思う。それより何より、前回は1人でしんどかったから、仲間がいる心強さを味わいたいんだよね」

こうして、誰かと一緒に新たな習慣化のサイクルを始めること。**積極的に周囲の人を巻き込むことは、習慣の仕組み化に有効**です。特に違う分野で習慣化に挑んでいる人と励まし合うことで、自然と無理なく行動力が高まりますし、仕組み化をつねに意識できるので飛躍的に無意識へと自動化が進みます。

心理学でも有名なノミの実験の話があります。

ノミの体長は3、4ミリ。でも、通常2メートルの高さまでジャンプします。そのノミを高さ30センチのビーカーに入れ、ガラス板をかぶせます。ノミは何度も何度もジャンプしては板にぶつかりをくり返すうち、跳ぶのをやめてしまうのです。

これは私たちの心理にも通じます。

仕事、恋愛、結婚、人間関係、大人になればなるほど、経験が増え、その分、さまざまな失敗や挫折や困難をたくさん経験します。

すると、「これは無理」「これは過去に失敗した」「がんばっても無駄だ」と最初からジャンプするのをあきらめ、挑むこと自体が怖くなっていくのです。

でも、ノミの実験には続きがあります。ガラス板を外してもジャンプしノミが元どおりの跳躍力を回復する方法がありました。それは2メートル跳ねるノミを同じビーカーに入れること。隣でぴょんぴょんジャンプするのを見るうち、跳ばなくなったノミが再び跳ぶようになるそうです。

習慣化のサイクルを回すに当たって仲間をつくるメリットは、ここにあります。

誘った相手が「私はきっと何やっても失敗ばかりだし」「私はもっと向いている何かがあるだろうし」「あの人は学力とコミュニケーション能力が高いし」「私はこの会社にいたいから挑戦しないだけだし」と、あきらめてジャンプしない人だったとしたら、あなたと一緒に何かに挑むことでポジティブな変化を体感するはずです。
そして、それは本人の幸せとあなたへの「ありがとう」につながります。

ジャンプする人生にするか、ジャンプしない人生にするかは、自分次第。過去に何があっても未来には可能性があります。

もし、誘った相手が挑戦を躊躇しているなら、やさしく語りかけてみましょう。
あなたには可能性がある。私にもできたから。だから、一緒にジャンプしてみよう！と。

周りにいる人が幸せになると、あなたの自己肯定感がさらに高まります。その起点にもなるのが、習慣化のサイクルなのです。

Point

- 習慣の達成期は、次の新しい習慣に取り組むのに最適な時期。
- 習慣化のサイクルは、あなたの半径5メートルの人も幸せに！

6 達成期

習慣化の6ステップ 早見表

	時期			使えるテクニック
1	種まき期	自尊感情	なりたい自分を イメージして 模索する時期	❶動機づけ （ゴールデンサークル理論） ❷マインドセット （リフレーミング）
2	反発期	自己受容感	現状維持を 求める本能が、 新しい習慣に 反発する時期	❶自分にOKを出す （フォー・グッド・シングス） ❷決意表明 + 報告 （ピア・プレッシャー）
3	忍耐期	自己効力感	誘惑や欲望により 習慣が途切れがち になる時期	❶いつ、何を、どうやるのか （if-then プランニング）
4	成長期	自己信頼感	生活の中に 習慣のリズムが 生まれる時期	❶ネガティブ感情を紙に書き出す （エクスプレッシブ・ライティング） ❷集中力を上げる （ポモドーロ・テクニック） ❸モヤモヤ解消リスト （コーピング）
5	開花期	自己決定感	習慣が定着し、 無意識にこなせる ようになる時期	❶初心に立ち返る （ゴールデンサークル理論） ❷未来をイメージング （スモール・タイムライン）
6	達成期	自己有用感	定着した習慣が 結果を 出し始める時期	❶輪を広げる （ピア・プレッシャー）

3
章

朝の「いい習慣」が「いい人生」をつくる

「朝を変える」ことが「人生を変える」近道

「いい朝」は「いい1日」の始まり

朝の時間を充実させると、1日の始まりが楽しくなり、自己肯定感が上がります。

しかも、**その効用は1日中続きます。**

1週間は、1日×7です。1カ月は1日×30。1年は1日×365。

当たり前のことのようですが、**人生は「1日」というルーティンのくり返し。**つまり、どうやって「1日」の楽しさを高められるか。

気持ちのいい朝を迎えて、自己肯定感の高い1日を過ごせるかどうかはとても大事なこと。それをおろそかにして、大きな成果を得られる人はいません。

太陽の1日のリズムと人間の生活リズム

太陽の光を浴びるとセロトニンが増え、夜はメラトニンが分泌される。基本的に、日光を浴びてから14～15時間後に眠くなるように体は働く。

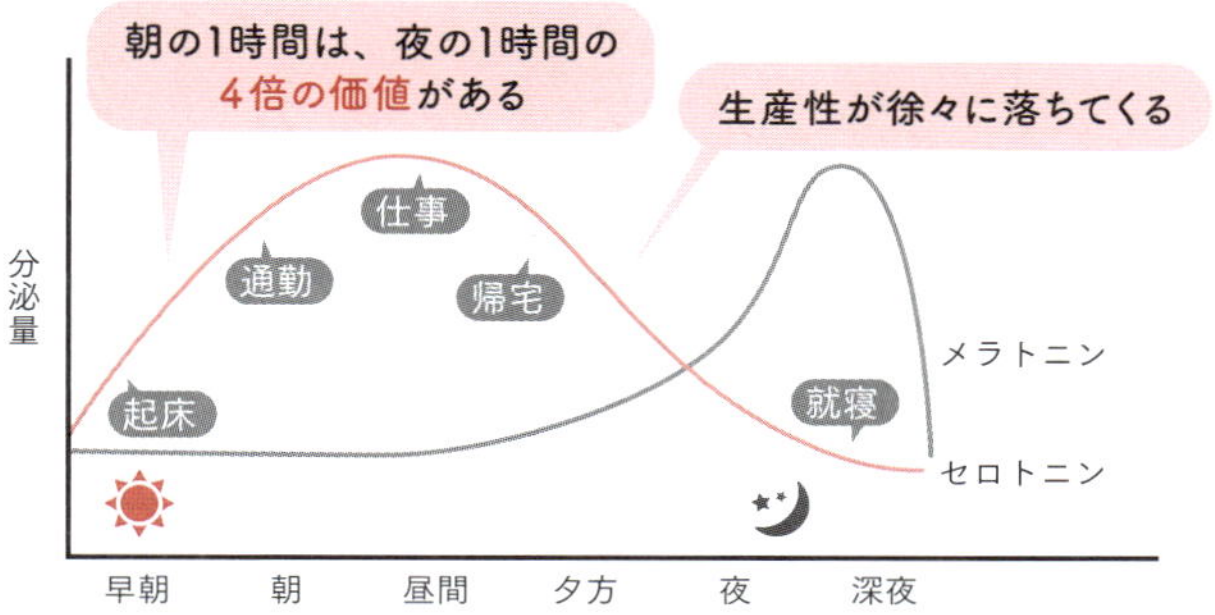

1日の始まりの朝を少しだけいい方向に変えること。それをまずは1カ月でも続けていきましょう。

1つのことを1カ月続けられる人は、ごくわずか。でも、あなたはもう自己肯定感と連動した習慣化の方法を知っていますよね？

そう。2章で解説した「自己肯定感と習慣化の6ステップ」です。続く3章では、そのサイクルを実践する実験として、朝、取り組むと人生が劇的に変わっていく習慣を紹介していきます。しかも、1つひとつは本当に簡単な取り組みです。

たとえば、こんなイメージ。

- **ベッドで寝っ転がりながら片手をぐーっと伸ばす！**
- **テンションの上がる曲をかける！**
- **窓を開けて、部屋の空気を入れ換える！**
- **目を閉じて、1分瞑想！**
- **場所を決めて、5分間お掃除タイム！**

どれもすぐにできます。もちろん、全部やる必要はありません。「**これは楽しそうかも！」とピンときたものを試してみましょう**。それで、その日「1日」の質が上がったと感じたら、1週間、1カ月、2カ月を目標に習慣化のサイクルを回していきます。

そのまま自分のご機嫌がよくなる朝の習慣として定着させることができたら、あなたはよい方向に変われたということ。成果の出せる人になったのです。

自分だけの「ゴールデンタイム」をフル活用しよう

朝が新習慣にチャレンジする時間として最適なのは、**あなたにとって唯一、自分だ**

けに使える時間だからです。

子育て中の人も、介護の担い手になっている人も、仕事の忙しさに追い立てられるように日々が過ぎている人も、目覚めてからの少しの時間は自分だけに使うことができます。それも今よりちょっとだけ早起きするようにすれば、自分だけの時間を増やすことも可能です。

1日の始まりに、**誰にもじゃまされない朝のゴールデンタイムを持つ**こと。そこで気持ちよくなれる新習慣に取り組むこと。そして、あなたをご機嫌にしてくれる習慣を定着させること。これが成功したら、**大げさではなく人生が変わります**。

なぜなら、1日の始まりをご機嫌なものにできると、その日を自己肯定感高く過ごすことができ、**「1日」というルーティンのくり返しの質が劇的に向上する**からです。

朝は生きがいを創造する時間でもあります。朝がいい気分か、どんよりしているか。その差は大きく、毎朝が苦痛だと生きている時間の半分くらいがどんよりしてしまうかもしれません。

スタートダッシュが大切です。多くの人がわかっているのに実践していないのは、もったいないことです。

とはいえ、あなたはこう思うかもしれません。
「朝は忙しいですし、そんなひまないですよ」
「まず起きなきゃいけないのがしんどいし、仕事に行かなきゃいけない。学校に行かなくちゃいけない」
「子どもの相手があるから、朝であっても自分だけの時間はなかなかつくれない」

つまり、自分で決められない要素が多く、もたもたしていると、仕事を始めとした「やらなきゃいけないこと」に押し流されるように時間が過ぎていき、昼になり、夜になっています、と。

たしかに、そのとおりだと思います。でも、少しだけマインドセットをしてみてください。たとえば、楽しみにしている旅行の当日、予定よりも早くパッと目覚めたことはありませんか?

あるいは、大好きなプロスポーツの欧州での試合を生中継で観るため、太陽の上がりきらない早朝に目覚ましを合わせたら、アラームが鳴る前に起きてしまったことはありませんか？

じつは、**やりたいと思って自ら決めたこと、ワクワクして取り組んでいること**の場合、私たちの**脳はすばやく覚醒**してくれます。朝の習慣は、この脳の性質を引き出すスイッチのようなもの。これから紹介していく習慣は、物事をポジティブに受け止められるようになる仕掛けとして役立ち、あなたの自己肯定感を高めてくれます。

その結果、仕事の効率もよくなり、生産性も向上。1日がこれまでとはまったく違った輝きを放ち始めるはずです。

「朝は家事や子どもの世話で手一杯！」という人に

あるとき、小学1年生と保育園に通う2歳のお子さんを子育て中のクライアント・Kさんから、「朝を楽しく、自分だけの時間に……と言われても」とボヤキ気味の相談を持ちかけられたことがあります。

「子どもたちが先に起きていて『ごはんつくって！』と起こしにくるんですよ。こちらは仕事と子どもの世話で疲れちゃっていて、5分でいいから長く寝ていたいのに。

とても自分だけの時間は取れないし、それをつくるために子どもより早く起きたら、仕事に支障をきたします」

もっともな意見です。

我慢して早起きする必要はありません。無理して朝に自分時間をつくることもありません。

大事なのは**感情の習慣を少しだけ変えてあげる**こと。

「今日も起こしにきてくれて、うれしいな」
「元気に朝ごはん食べたいって言ってくれてよかった」

お子さんが起こしにくることによって生じる感情を変えてみましょう、とアドバイスしました。工事のけたたましい音で起こされることを考えたら、お子さんたちが愛情たっぷりの笑顔で「起きてよー」ときてくれるのは、すごくうれしいことです。

しかも、その期間は何年も続きません。今は「しんどい」という思いが先にくるかもしれませんが、小1の子が小4になる頃には、1人で勝手に朝の準備を済ませてしまうはずです。上の子が大きくなれば、下の子の面倒もみてくれるでしょう。
そう考えれば、今は期間限定の人生の通過点。たった3年と思えば、楽しめるな、と。そんなふうにポジティブな感情の記憶を増やすよう自分のマインドを習慣づけていくだけで、その後の行動も変わってきます。

これは子育て中の人にかぎらず、多くの人がルーティンとなっている自分の生活を見直すことで、「これは捉え方を変えると、違うのでは？」というポイントが見つかるはずです。
ポジティブな感情の記憶をつくれる瞬間を積み重ねて、感情の習慣を変えていきましょう。

Point
- 朝の気分が、その日全体のパフォーマンスを決める。
- 誰にもじゃまされない「1人の時間」があなたを幸せにする。

最高の1日を過ごすための朝のルーティン

1日は「朝の目覚め」で決まる！

これから紹介する朝の習慣は、私が実際に効果を感じてきたものばかりです。

まず、朝の2～3時間を自分だけの時間として使えるようになると、「**主観的幸福感**」が高まっていきます。自分で決めたという自己決定感が満たされ、その後の1日の間に起きる理不尽な出来事に対しても肯定的に解釈できるようになります。

「幸福学」の研究者として名高い、イリノイ大学心理学部名誉教授エド・ディーナーらの研究によると、**幸福度の高い人はそうでない人に比べて創造性が3倍、生産性は31％高い傾向**にあるそうです。これは、楽しいことを選んで、自分で決めて取り組んでいるからこそ。

そこで、まずは私の普段の朝の様子を駆け足で紹介していきたいと思います。

毎朝5時30分に起床して6時55分に家を出るまでが、自分と対話する自分専用に使っている時間です。

ルーティン

1 すぐ起きる!

アラームが鳴って目を開けたら、すぐに起きます! 「あと5分」的な感覚はありません。その代わり、「今朝は疲れている」と感じたら、素直に二度寝。そのままもう1回目を閉じ、30分ほどすとんと眠ります。

すぐ起きるコツは、2章で紹介した「if-then プランニング」。「**目を開けたら**(**if**)、**すぐ起きる**(**then**)」、もしくは「**目を開けて疲れを感じたら**(**if**)、**30分二度寝する**(**then**)」です。

余計なことは考えない。自動反応で処理します。

ルーティン

2

起きたらすぐ、音楽をかける

これも起床の「if-then プランニング」です。

自分のテンションが上がる曲を次から次へ。1曲全部聴くことはほとんどありません。そのときの気分に合わせて、曲はサクサク変えていきます。

なぜ、聴くか？　自己効力感、自己信頼感、自己決定感を刺激して、気分を上げたいからです。音楽がトリガーとなって、起き上がってからすぐに**ドーパミンが出て、体が動き出します**。

ルーティン

3

カーテンを開け、窓も全部開く

真夏でも真冬でも、かまわず全開です。外気を取り込み、部屋の空気を入れ替え、気分をリフレッシュ。同時に**ゆっくりと深い呼吸をし、脳に新鮮な酸素を送り込みます。**

自尊感情、自己受容感が刺激されます。もちろん、住宅事情はそれぞれだと思いますので、可能な範囲で開けましょう。

ルーティン

4 ぬるめのお湯でシャワーを10分

面倒くさがりなので、同時に歯磨き、舌磨き、鼻洗浄も。洗髪、洗顔も一気に終わらせ、すっきり。自尊感情が高まります。

ルーティン

5 仏壇・神棚のお茶の交換、水回りと玄関の清掃

私の家は代々商いを営んでいます。その男系直系の長男として、仏壇、神棚のお茶の交換、水回りと玄関の掃除は小1からの習慣です。その間、仏壇と神棚に手を合わ

せて、**1分間の瞑想**。「今日もありがとうございます」とアファメーション（肯定的な自己宣言）を行い、水回りと玄関の掃除の間には前屈したり、伸びをしたり、ストレッチを組み合わせています。

私にとっては体と心をしっかり目覚めさせるルーティン。これにより、自尊感情と自己有用感が高まります。ちなみに、掃除をしている間に濡れていた髪が乾き、ドライヤーをする手間が省けて一石二鳥です。

ルーティン

6

1日の決意表明をする

今日1日の目標や、その日感じたことをスマホのメモに記録しています。今日は何をしたいのか、どんな1日を過ごしたいのか、自分自身に宣言することで、しっかりした決意が生まれます。そのメッセージをSNSに投

稿することにより、朝から「**みんなの役に立てた！**」と感じて、自己受容感、自己有用感が満たされます。

ルーティン 7

4パターンの洋服からその日の気分で選ぶ

朝、着替えで迷いたくないので、いつも上から下まで4つのコーディネートをつくってクローゼットにぶら下げています。そこから、その日の気分で「いいな！」と思ったものを選び、夜、寝る前に使った1つ分のコーディネートを補充。**つねに4つの選択肢がある状態をキープしています**。

気分に合わせて選ぶことで自己決定感が高まり、前夜に準備できた自分に対する自己効力感も満たされます。「いいな！」で動くと、いいことばかりです。

以上、ここまでが6時55分までの「朝のルーティン」です。

少しずつルーティンを自分に合うものに微調整しながら、この朝の習慣を10年近く続けています。エピローグで触れますが、それ以前の外に出られなかった時代は、こういう生活を一切できませんでした。

今は朝の習慣を実践している間に、いいアイデアが浮かぶことも多く、そんなときのため、つねにメモ帳とボイスレコーダーを身近に置いています。

「いいな!」と思ったら、手書きメモかボイスメモ。この本のアイデアも朝に生まれました。私にとってアイデアがあること、楽しいひらめきとともに想像の翼を広げることは、生きる原動力になっています。

「次はこんなことしよう、あんなことしよう」と考えていると、ぐんぐん自己肯定感が高まっていくのを感じます。

ゴールデンタイムはクリエイティブな仕事に没頭する

そして、ここから外での活動が始まります。基本的に仕事場として使っている住まいからスタートするときも、講演やセミナーのためにホテルから1日が始まるときも、流れは大きく変わりません。

歩きながらのアファメーション。徒歩5分圏内にあるお気に入りのカフェでの1杯のコーヒー。7時から10時までの3時間、朝のゴールデンタイムで創造系、生産系の仕事を一気に済ませてしまいます。

ルーティン 8

歩きながらアファメーション!

アファメーションとは、前出したように肯定的な自己宣言。私は歩きながら、小声でこんなふうにつぶやいています。

「次の本は、10万部のベストセラーになっちゃった」
「次の講演は、みんな大喜びで笑顔になったよ」
「クライアントの○○さん、明るくなったな!」

怪しいですか? そうかもしれません。でも、「口に

出したことは現実になる」という考え方を取り入れるのはとても大切なことです。アファメーションは心理学の世界ではよく知られた手法で、簡単にいうと、**「〜できた」という言葉をログセにし、宣言すると、私たちの脳は「できる」方向へと行動を起こすよう促してくれます**。

アファメーションするときのコツは、「できた」「こうなった」と完了形で表現すること。何か実現したいことがあるなら、それをすでに理想的な形で終えたように言いましょう。すると、脳がそれを実現させようと勝手に動いていくので、物事がどんどんよい方向へと進んでいきます。

ルーティン 9

カフェのコーヒーでスイッチを入れる

私の仕事場の周りには徒歩5分圏内に4つのカフェがあります。それぞれコーヒーのスタイルに特徴があり、日当たりのいいテラス席のある店、落ち着いた色合いの内装の店など、個性にも違いがあります。

その日の気分や体調から「深煎り」か「浅め」か、「今日は陽に当たっていたい」か「静かな場所にいたい」かイメージし、直感的にピンときた店に行き、コーヒータイムです。

ここが1つの習慣の分岐点で、自分だけの朝の時間が終わり、コーヒーとともに「思考がシャキ」「感情がシャキ」っとし、社会人の顔を伴った、メンタルコーチでトリエの代表である「中島輝」になります。それまではワクワクしているだけの子どもみたいな状態なのかもしれません。

カフェでその日の仕事のスケジュールを確認し、**意志決定が必要なものから先に取り組んでいきます**。ここからの2時間で大切な仕事はほぼ終了。**事務的な作業は午後に処理**します。

ちなみに、講演やセミナーで地方泊のときのホテル選びは、5分圏内にカフェが複数あるかどうか、朝の7時には開店しているかどうかで選びます。それだけ朝のコーヒータイムは私にとって重要なスイッチで、今日1日を過ごす自分をベストコンディションに持っていくために欠かせない習慣になっているのです。

快適な朝のコツは「心地いいことだけをする」

以上が、私の実践している朝の習慣です。

書き出してみて、**「自分だけの時間」**と**「右脳系のクリエイティブな仕事をする時間」**の二段構えになっていることに気づきました。

起床から外に出るまでの1時間半で大事にしているのは、とにかく**自動化**です。**「何をしよう」「どうしよう」と迷わない**。その分、**脳内ではぐるぐるとさまざまなイメージが広がり、いいアイデアが浮かびます**。

そして、カフェでのコーヒータイムでスイッチを入れたあとの2、3時間は、仕事に取り組むという意味での朝のゴールデンタイムです。

ここでは事務的な作業はせず、考えること、企画すること、スタッフと話し合うこと、方針を定めることなど、創造性、生産性の高い仕事を行います。

その間、「気が散ってきたな」と感じたら、立ち上がってストレッチしたり、お手洗いに行ってうがいをしたり、外を1分くらいくるくる歩いたり……。コメントを読んで返す、体を動かす、刺激を入れるといった行動で脳の違う部位を使うことで、集中力を取り戻すことができます。

こうして創造系、生産系の重要な仕事は午前中に終了。起きてからここまで可能なかぎり、**自分が苦手なこと、嫌いなことは入れません。心地いいことを連続させて、悩まない。人のスケジュールにも左右されない。**特に早朝の自分だけの時間と、そこで行う習慣は誰にもじゃまされないよう大切にしています。

だからこそ、徐々に起きる時間が早くなり、今は5時30分になりました。以前はもう1時間遅くスタートしていたのですが、おかげさまで仕事が忙しくなり、創造系、生産系の取り組みに必要な時間が増加。その分、自分だけの時間を前倒しにし、今のリズムができました。

ちなみに、午後は講座やセミナーの打ち合わせや会議、その他、さまざまな案件が入ってくるので、その時間に「生産的なこと」「アイデアが必要なこと」「集中力を高めたパフォーマンスを求められること」はやらないようにしています。

無理をしてもストレスが溜まるだけですし、何より自分が納得できる力を発揮できない可能性が高いからです。力が発揮できないと自己肯定感は下がってしまいます。

もし、あなたが今、「どうも仕事がうまくいかない」と漠然と悩んでいるなら、1日のタイムスケジュールを**「自分だけの時間」「創造系、生産系の自分の内側に向かう仕事の時間」「作業系、会議系の自分の外側に向かう仕事の時間」**の3つに分けてみましょう。

この3つが混在していると、どうしてもパフォーマンスは落ちてしまいます。もちろん、最初からすべてをスパッと分けることは難しいと思いますが、朝のゴールデンタイムに、30分でも1時間でもいいので誰にもじゃまされない環境をつくると、1日の間に「自己否定」「ネガティブ思考」「マイナスな感情」が入り込む瞬間が劇的に減っていきます。

結果的には、それが自己肯定感を高く保てる秘訣となるのです。

自分自身とじっくり向き合う「1人時間」のすすめ

あなたの朝に新たな習慣を取り入れていく前に、1つ質問があります。

あなたは普段、1人きりになって冷静に物事を考える時間をどれくらい取っていますか？
日頃、私たちは次の3つの自分を使い分けています。

- **周囲の人たちと関わる自分。**
- **1人でいながらも、意識を外に向けている自分。**
- **1人で自分の内側に意識を向けている自分。**

じつは、現代を生きる私たちには最後の「**1人で自分の内側に意識を向けている自分」の時間が圧倒的に不足**しています。仕事をしている時間はもちろん、空き時間にもスマホに触れ、SNSを通じて周囲の人たちと関わり、1人でいたとしても意識は外に向かっています。

それは自然と、人と自分、社会と自分を比較する感覚につながり、「自己否定」「ネガティブ思考」「マイナスな感情」を呼び起こし、自己肯定感を下げる原因となっているのです。

だからこそ、私は「1人で自分の内側に意識を向けている自分」の時間を増やすこ

3つの自分

自分と対話する時間を確保しよう。

とをオススメします。なぜなら、**孤独には人を向上させてくれる効果がある**からです。

実際、あなたもナイキやアップル、スターバックスなど、世界の名だたる企業のＣＥＯが早起きを習慣にしている……という情報を目にしたことがあるのではないでしょうか。彼らは１人でいることの重要性を理解し、朝の時間を自分のために使っているのです。自分だけの朝の時間は、次の４つの大きな効用を与えてくれます。

- **周囲の人の目を気にせず、自分と対話することができる。**
- **誰かと比較し、人よりも認められたいという承認欲求の罠から逃れられる。**

- 自分にとって大切な価値観、興味を再発見できる。
- 1日のスタートをすばらしいものに変えるトリガーになる。

大切なのは、「自ら選んで1人になった」という意識を持つこと。すると、自己決定感が満たされ、朝の自分だけの時間の価値がさらに高まります。

考えてみると、周囲にどれだけ人がいても、自分がもっとも関心を持っていることに集中しているとき、私たちは1人きりになっています。何かに没入し、好奇心に満ちた時間を過ごす間、仕事や人間関係のストレスはどこかに消えていきます。

他の人がどう思うかではなく、あなた自身のための特別な朝の時間をつくっていきましょう。それがほかの習慣を習慣化していく上でも必ず役立ちます。

Point

- 「起きたらやること」を決めてルーティン化しよう。
- 朝をご機嫌に過ごせれば人生の幸福度が高まる。

一瞬で「自己肯定感が高まる」朝のルーティン

朝が充実すると、1年365日がもっと豊かになる

では、ここからあなたの自己肯定感を高めてくれる朝の習慣のアイデアを紹介していきます。あなたの日々の暮らしに照らし合わせ、やりやすそうなもの、「いいかも！」と気に入ったものを新習慣として取り入れ、習慣化のサイクルに乗せてみてください。

ルーティン 1

好きな音楽をかける！

「朝起きたら、この音楽！」と、あなたにとって**気持ちよく活動を始めるトリガーとなる音楽を選び、目覚ましのアラームの代わり**にしましょう。

曲に乗って勝手に体が動き出し、スムーズに目覚めることができます。ベッドの中で歌い出しながら起き上がれば、楽しい1日の予感を自動的に呼び起こすことができるでしょう。自分に肯定的な言葉をかけエネルギーを与えることは、そのまま自己肯定感を高めてくれます。

朝を楽しくするトリガーとしての音楽を見つけ、習慣にしていきましょう。ちなみに、音楽がどうしても馴染まないというときは、こだわらずに別のトリガーを使ってください。

起きてすぐ歯を磨く、コップ1杯の水を飲む、筋トレをするなど、あなたにとって気分が上がる朝の一歩を踏み出すことが大切です。

目覚めた直後の1分で自分が楽しくなるアクションを。

10分も20分も布団の中でごろごろするのはもったいない。ましてやスマホでSNSやニュースをチェックするのは、起き抜けにノイズを増やすことになり、オススメしません。

ルーティン 2

15分、早く起きる

くり返しになりますが、脳科学の研究によると、脳は目覚めてから2~3時間の間にもっともクリエイティブな力を発揮することがわかっています。

この朝のゴールデンタイムを「自分専用の時間」として活用するため、早起き習慣を取り入れましょう。とはいえ、今まで7時に起きていた人が、急に5時起床を目指しても「習慣の反発期」あたりで習慣化に失敗します。

まずは**15分ずつでもいいので、早く起きましょう**。

そして、興味のあるジャンルの本を読む、好きな風景の写真集を眺める、今後やりたいことのリストをつくるなど、自分のためだけの時間を楽しみます。

すると、早起きができたこと、朝のゴールデンタイムを活用したこと、将来に向けて展望を持ったことが充実感として積み重なり、自尊感情、自己効力感、自己決定感を満たし、習慣化のサイクルもうまく回りやすくなります。

ルーティン 3

窓を開け、「やったー!」のポーズを取ろう

ベッドや布団から起き出したら、まずは窓を開けます。晴れでも、曇りでも、雨でも、雪でも、外の空気を室内に取り入れ、**両手を上げて、ぐーっと体を伸ばし、「やったー!」のポーズ**を取りましょう。

たったこれだけのアクションで、自尊感情、自己効力感が刺激され、1日のスタートがよくなります。また、「やったー!」のポーズを取ることで血流がよくなり、脳内で不安や恐怖を感じたときに出るコルチゾールが下がり、勇気のホルモンと呼ばれる「テストステロン」が増えることもわかっています。

空気を入れ替え、陽射しと外気を浴び、「やったー!」でストレッチをする。時間にして30秒ほどのシンプルな

習慣が、起き抜けに「快」の感情をつくり出し、「今日が始まっちゃった」ではなく、**「私の今日が始まる！」**と自己肯定感を高めてくれるのです。

ルーティン 4

5分間の掃除習慣を始めよう

日頃、自然と自己肯定感が低下していってしまう理由には、生活リズムのマンネリ化や刺激のなさがあります。ある環境に慣れてしまって感情の揺らぎが少なくなると、脳内で快楽物質の「ドーパミン」が出にくくなります。その停滞感が、自己肯定感を下げてしまうのです。

そこで日常にちょっとした刺激を与える習慣として、朝5分間、部屋の掃除をしてみましょう。

玄関や流し台、お風呂場のタイルや洗面台の鏡など、**いつもよく使うけれども、普段は磨き上げない場所を「5分だけ」と決めてきれいにします。**

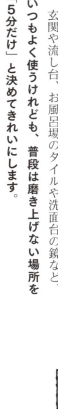

毎日、何気なく目に入る場所ですから、きれいになると小さな達成感があり、その刺激で自己効力感や自己決定感が増し、自己肯定感が高まるのです。

ちなみに、掃除習慣が習慣化されると家の中の掃除が行き届いて、時には磨くところが見当たらなくなっていきます。そういうとき、私は出かけた先でちょっとした掃除習慣を取り入れています。

宿泊したホテルで5分間掃除、利用したカフェのトイレの鏡を拭き上げる、タクシーの座席の汚れを取る……朝の習慣ではないですが、こうしたちょっとした掃除習慣も自己肯定感を高めてくれます。

ルーティン 5

朝、1日のスケジュールをざっと決めておく

多すぎる選択肢は、人間から意思決定力を奪い、選択できない状態にさせます。

朝食は？　どんな服を着ていく？　どの仕事から取りかかる？　ミーティングに出席する？　上司に相談する？

日々の中で「何かをやるやらない」「どちらかをする／しない」「Aか、Bか、Cか、

決める」といった選択をくり返すたび、私たちの意思決定力は減少していき、物事に集中できない状態に陥っていきます。

大抵の人が、家を出る朝は意欲十分でも、昼休みを過ぎ、退社時間が気になる頃には疲れ果ててしまうのは当然のことなのです。

そこで、朝のフレッシュな状態のうちに、その日のスケジュールをざっくり組み立ててしまいましょう。

会社に着いたら、最初に何から始めるのか。

何時を目処に終わらせるのか。

次に取りかかる仕事は何か。

その日に起きそうな選択を予測し、準備しておくわけです。

ざっくりとした行動プランをつくる習慣を実践することで、「選択疲れ」を遠ざけることもできます。また、つくったプランはできるだけ紙に書き出しておきましょう。

すると、プランどおりに物事が運ばない事態に直面したときも、慌てずに対応する

ことができます。ざっくりしたものでも、戻る基準点があれば迷わず動くことが可能です。トラブルを未然に防げたり、うまく対処できたりした経験は、自己効力感、自己信頼感、自己決定感、自己有用感を満たしてくれます。

ルーティン 6

出勤時、ひと駅歩く

人は歩くと脳内で「セロトニン」という脳内物質が分泌され、爽快さを感じます。**セロトニンには不安を解消する効果や幸せを感じさせる効果**もあります。

そこで、朝、電車で通勤、通学されている人は最寄り駅の1つ先の駅まで歩く習慣を取り入れましょう。これまでよりも15～30分ほど早く家を出て、てくてく歩きます。

見慣れた風景から離れるだけで意識が切り替わり、

「どんどん進もう」「知らない道を歩くだけで楽しいね」と前向きな発想が生まれやすくなります。

また、体を動かすことには「不快」だった気分を「快」の状態に変えていく効果があり、思考を前向きにし、ストレスを軽減してくれます。朝、ひと駅歩くことで物事への評価の下し方がポジティブな方向に変わっていき、1日をアクティブに過ごすことができるようになるのです。

ルーティン 7

好きなものに触れる

朝、仕事に取りかかる直前、移動中の車中など、わずかなすきま時間を使って、好きなものに触れましょう。

- **旅行好きの人なら、ガイドブックや旅ブログ、海外の風景写真を見る。**
- **動物が好きなら、関連の動画を見る。**
- **好きなスポーツのダイジェスト映像を眺め、次の試合をイメージする。**

◦子どもの写真を見ながら、週末は何をして遊ぼうかな？　と考える。

そんなふうに心にワクワクをプレゼントしましょう。

こういった時間を数分取るだけでも自己受容感、自己信頼感が満たされ、これから取りかかる仕事に向けてリフレッシュ効果が得られます。

ルーティン

8

さっと場所を変える

朝のゴールデンタイムを使って、創造系、生産系の仕事をしているとき、「ちょっと行き詰まった」「なんか気が散ってきた」など、集中力の低下を感じたら、立ち上がって歩いてみましょう。

とはいえ、意味なくうろうろするのは気が引けるかもしれません。

社内にオープンスペースのある会社なら、ノートパソコンやタブレットを持って行き、作業する場所を変えてしまう。外に出て、「やったー！」のポーズを取る、自動販売機で飲み物を買う。トイレに行って手を洗う、といったアプローチもいいでしょう。

アメリカの学術誌サイコロジカル・サイエンスには、「立っているほうが思考によい影響を及ぼし得る」という研究結果が発表されています。立ちながらの作業は、脳の情報処理能力を引き上げ、注意力や集中力を高めるのにほどよい負荷を与えてくれるのだそうです。

うまくいかないときは、すっと立ち上がって気分を変えましょう。それだけで自己効力感、自己決定感が回復し、自己肯定感が高まります。

ルーティン 9

コミュニティに参加して、朝活の友達をつくる

英会話や資格試験の勉強習慣、ヨガやジョギング、スイミングといった運動習慣を身につけたいときも、朝の時間を使うと効果的です。その際、2章の「習慣の反発期」や「習慣の達成期」で紹介した「ピア・プレッシャー」やコミュニティづくりが習慣の継続を助けてくれます。

1人で続けると挫折しがちな新たな習慣も、仲間がいることでうまくいきやすくなるからです。また、朝から気の合う仲間、同じ目標に向かっている仲間とコミュニケ

ーションを取ることは、あなたのモチベーションを高め、その日全体に好影響を与えてくれます。

遠慮なくつきあえる友達の存在は、あなたの自己肯定感を高めてくれるのです。

Point

- 「いいな！」と思った朝のルーティンを、まずはやってみよう。自己肯定感の高まりを感じるはず。

「最高の眠り」を手に入れる夜のルーティン

夜の習慣をちょっと変えると、いい朝がやってくる

続いて、いい朝を迎えるための習慣をいくつか紹介します。
なかでも、あなたに合ったよい睡眠をとることは事前の準備としてとても重要です。
すっきり目覚めれば、それだけスムーズに活動を開始することができます。

ルーティン 1

自分が「いちばん爽快な睡眠時間」を知る

脳の疲れをとる唯一の方法は、眠ることです。
睡眠には、成長ホルモンを分泌して心身を修復したり、日中に経験・学習したこと

を脳に定着させ、記憶の整理をしたりする働きがあります。

　睡眠不足は判断力を下げるだけでなく、物事をネガティブな方向からしか見ることができなくさせ、自己肯定感を低下させるのです。

　あなたも経験したことがあると思いますが、寝不足の朝は不快なもので、1日の始まりを憂うつにします。疲れて不機嫌で、自己肯定感の低いまま1日を過ごすのと、質のいい睡眠をとり、上機嫌で過ごす1日のどちらがすばらしいかは比べるまでもありません。

　安心して眠れる環境を整え、質の高い睡眠をとりましょう。


　ただし、どのくらいの睡眠をとれば自己肯定感が高まるかは、人それぞれです。そこで私は、「自分の適切

な睡眠時間」を知ることをオススメしています。

難しく考えることはなく、**朝起きたときに自分が「いちばん爽快な睡眠時間」**を探っていきましょう。

一般的には7時間から8時間の睡眠時間が推奨されていますが、ここには個人差があります。私はショートスリーパーなので、8時間も眠ると逆に体がだるくなってしまいます。そこで、睡眠は4時間程度にし、日中の仮眠を習慣にしています。

ただ、1つこだわっているのは**起床時間を一定にする**こと。就寝時間は眠くなったら眠る柔軟さを大事にしていますが、起きる時間はいつも同じ。これは体内時計を狂わせないためです。

このように、自分の**「サーカディアンリズム」**（24時間を周期としてくり返される内因性リズム）を把握しておくことが大切です。

たとえば、仕事の関係などで夜型の暮らしが続いた人が、いきなり朝型の生活をしようとしても、うまくいきません。

じつは、私も心身を病んでいた頃、あるカウンセラーに「規則正しい生活をして、たっぷり寝てください」と指導されたことがあります。それは一般的には正しいアドバイスでしたが、私には合いませんでした。

早寝早起きをすればするほど、全身に脱力感が広がり、気分が悪くなったのです。

そこで、試行錯誤の末に「遅寝早起き＋仮眠」という、自分にとってベストのリズムを見い出しました。

逆に8時間眠ってもまだ眠いという人は、人よりも長い睡眠時間が必要なロングスリーパーかもしれません。9時間、10時間睡眠を試してみて、長く寝たほうが快適だったなら、それが実現できる生活リズムをつくっていきましょう。

長時間眠らないと心身ともに調子が悪くなるロングスリーパーの人が、短時間の睡眠で回復するショートスリーパーのパートナーと一緒に暮らし始めたら、生活のリズムがくずれて当たり前です。

どちらか一方が無理に合わせても、いいことは起こりません。自分のリズムを知らないまま、「社会で言われる、いいこと」や「身近な人の言う、いいこと」を鵜呑みにすると、いいことが悪いことになってしまうケースがあります。

大切なのは自分に合ったリズムにしたがうこと。

あなたの持っている「型」は自分が決めた「型」ですか？
人に決められた「型」ですか？

そう問いかけてみましょう。すると、質のよい睡眠を手に入れることができ、結果的に自己肯定感が高まっていきます。

ルーティン 2

寝る前は好きなことをしよう！

質のいい睡眠をとるには、寝る前に脳を刺激するような情報を入れてはいけないと言われています。特にスマホなどのブルーライトは覚醒効果があり、入眠を妨げるとされています。

これは体内時計に光が大きな影響を与えるからです。寝る前に強い光を浴びると、自然な眠りを誘う「メラトニン」の分泌が低下します。ですから、基本的に部屋は暗くし、読書やスマホの閲覧はほどほどに。

とはいえ、ここにも個人差はあるでしょう。真っ暗にして「寝なくちゃ……」と焦りを感じるくらいなら、別の方法を試してみるのも悪いことではありません。

私は寝る前にベッドの上で、YouTubeを見る習慣があります。楽しんでいるお笑いや動物、飯テロ系の動画です。

スマホで動画を見るなんてもってのほかと叱られてしまいそうですが、私が一番大事にしているのは、寝る前に「今日の反省をしない」「明日のことを思い煩わない」ということ。何も考えずに済む動画を眺めて、無の状態をつくってすとんと寝落ちすると、朝、スパッと目覚められます。

もちろん、あなたも寝る前にスマホで動画を見ましょう、と勧めるつもりはありません。ただ、**一般的によいとされているやり方が誰にでも当てはまるわけではない**ので、**自分の感覚を大切に**しましょう。

私の場合、ベストの環境を整えて「さあ寝よう」と意気込むよりも、「今日はYouTubeで何を見て笑おう」という感じでベッドに入るほうが向いていたのです。

部屋を真っ暗にして、冬は加湿器を入れて……といわゆるよい眠りのための習慣が合っているなら、その方法を。整えれば整えるほど、眠らなくちゃ……と焦っちゃうという人は、部屋の明かりもテレビもつけたまま眠ってもかまいません。

自分にもっとも合った環境を見つけて、居心地のいい状態で眠る習慣をつくっていきましょう。

私は寝る前に甘いお菓子も食べています。これも普通に考えると、質のよい睡眠にとっては「やってはいけないこと」です。

でも、寝る前に甘いものを少し口にすると、脳内物質のドーパミンが分泌されて、「今日もよかったなあ」と思いながら安心して眠れます。ぜひ、自分にとって心地よい状態を探してみてください。

ルーティン 3

寝る前に瞑想する

もし、眠る前に不安を感じるようなことがあるなら、瞑想を習慣に取り入れていきましょう。人は不安を感じると呼吸が浅く、速くなります。すると、血液の循環が落ち、脳に必要とするペースで酸素が届かなくなり、注意力や判断力が落ちてしまうのです。

その結果、不安が高まった状態でミスが増え、起こしたミスによってますます不安な状態が高まっていくという悪循環が起きてしまいます。

この**悪循環を断ち切るためのもっとも手軽な方法が、「瞑想」**です。ゆっくり息を吐いて、ゆっくり吸う。それだけで肩の力が抜けていくのを感じられるはずです。

夜、眠る前など、ゆっくりと時間を使える状況で試してみてください。瞑想の効能は脳科学の分野でしっかりと認められ、注意力や判断力が向上することがわかっています。

また、心理学の分野でも、心身をリラックスさせ、ストレスの管理や衝動の抑制、自己肯定感に好影響を及ぼし、不安への耐性を高めてくれることが確認されています。

瞑想で大切なのは、短時間でもコツコツと続けること。そこで、はじめてでもすぐに試しやすい「**中島式マインドフルネス瞑想法**」を紹介します。3つのステップに分かれているので、3分間かけて行ってみてください。

体、感情、思考、呼吸の乱れが整い、自己肯定感の高まりを感じることができるはずです。

ステップ① 両足を肩幅に合わせて開き、丹田《たんでん》に意識を集中させて息を吸う

両足の裏で地面をしっかり踏みしめて立ち、地球を感じるイメージを膨らませます。足元からエネルギーが頭上に抜けていくようなイメージを抱きながら、丹田（おへその下）に手のひらを当てて、意識を集中させましょう。そして、鼻からゆっくり息を吸います。

ステップ② ゆっくりと口から息を吐ききる

今度は息をゆっくり吐いていきますが、息を吐ききるとき、「落ち着いた気持ちになった」「みんなが幸せになった」と心の中でアファメーションを行いましょう。周囲の人をリスペクトして、ありのまま受け入れることは、ありのままの自分を受け入れることにつながり、自己肯定感を高めてくれます。

ステップ③　**頭からエネルギーを得る瞑想を行う**

次に、夜空に輝く北極星を意識してください。眉間の奥に位置する脳の松果体《しょうかたい》と呼ばれる部位に、その光のエネルギーが入ってくる想像をします。呼吸は鼻からゆっくり吸い、口から長く細く吐いていきましょう。

ステップ①~③を、3分間続けます。

非常にシンプルな方法ですが、マインドフルネス瞑想の効果は認知行動療法の世界でも認められています。はじめて瞑想をする人は、途中で注意がさまざまな方向にそれてしまいがちですが、あまり気にせず続けてください。

Point

- 寝る前のルーティンで、よい眠りと目覚めを手に入れよう。
- 睡眠の質を上げるだけで人生のパフォーマンスが高まる。

朝の習慣化で、目覚めとともに幸福感がやってくる

朝の勢いのまま、午後もパワフルに過ごす

朝の習慣を取り入れ、起きてすぐに100%の状態で1日が始まるようになったとしましょう。そのまま朝のゴールデンタイムが過ぎ、昼ごはんを食べ、午後になると、**どんなにいいスタートを切ったとしても、なだらかにコンディションは落ちていきます。**

朝の自己肯定感が100%だとすると、15時台には50%前後になっているはずです。

これは誰にでも起きることで、自然な変化です。

私は自分のコンディションが40%を下回ったなと感じたら、マッサージに行くようにしています。1時間ほど体をほぐしてもらいながら、**すとんと昼寝をし、エネルギーを回復させる**ことを習慣にしているのです。

また、どうしても気持ちが切り替えられないときは、1時間ほど電車に乗って海を見に行ってしまいます。寄せては返す波を見ながら、海風に吹かれていると、一気にテンションが上がってくるのを感じるからです。

もちろん、仕事を抜けてマッサージや海に行ける環境にいる人は少ないと思います。

それでもできる範囲で、**昼休みにオフィスの近くを散歩する、5分だけ社内の非常階段を昇り降りしてみる、仲のいい同僚と雑談を楽しむ**など、**エネルギーを回復させる積極的な休憩習慣**をつくってみましょう。

途中で少しでも自己肯定感を上げる仕掛けを入れると、1日のコンディションの波を小さくできます。その後、**夜、眠る前の習慣を行うことで再び100%に近い状態に整え、明日に向かえるようになる**のです。

すると、「朝、起きることは楽しい」と思えるようになります。

好きな音楽で目覚めるのが待ち遠しい。窓を開けて外気に触れるのが待ち遠しい。

1日のシャキ！　のトリガーとなる1杯目のコーヒーが待ち遠しい。

私はこのように朝が楽しみで仕方がないので、パッと起き上がれるのかもしれません。変わっていますか？　そんなことはありませんん。

あなたも朝の習慣を試し、**習慣化のサイクルを回すうち、目覚めとともにやってくる幸福感に気づくはず**です。**楽しい、幸せ、と。**

あなたの人生にとって、あなたらしく生きることが何よりも大事。あなたの朝は変わります。

大丈夫！　すべてうまくいっています。これからあなたは、もっともっとよくなります。

Point

- 5分の休憩習慣で午後のパフォーマンスが改善！
- 朝のワクワクする習慣が身につくと人生が10割変わる。

4章

あなたの習慣化を成功に導く7つの力

「いい習慣を続ける」ために知っておきたいこと

「人生を前進させるトライアングル」とは？

習慣化がうまくいく人は、そうではない人と何が違うのでしょうか。

くり返しになりますが多くのクライアントさんを見てきて感じるのは、自己肯定感の深い関わりです。やはり自己肯定感の高い人は、新しい習慣への取り組みに積極的で「習慣化の6ステップ」をするするとクリアしていきます。

ここまで、自己肯定感を高める方法をお伝えしてきましたが、ではどうすれば高まった自己肯定感を維持できるのでしょうか？

4章ではその仕組みをお伝えしていきます。

まず、自己肯定感を高め、維持していくには次の3つの要素の関係を理解することが必要です。

- **感情**
- **物事の捉え方**
- **行動**

私たちには、持って生まれた才能や後天的に身につけた能力があります。多くの人は、物事がうまくいくかどうかには才能や能力が大きな役割を果たすと考えがちです。

でも、私は何よりも**重要なのは、「感情」の持ち方**だと考えています。

いつもポジティブな気持ちで生きているのか、ついネガティブな感情にとらわれてしまうのかで、人生はまったく異なったものになるからです。

「物事の捉え方」も大切です。

自分の身に起きた出来事をプラス思考で捉えるのか、悲観的に捉えるのか。

それによっても人生の景色はまったく変わります。

そして、「行動」です。

勇気を持って踏み出せるのか、無意識にブレーキをかけてしまうのか。

あなたは、新しい習慣に取り組むとき、「でも、やっぱりな……」と行動にブレーキをかけ、現状維持を選んでしまったことがありませんか？

あるいは逆に、「ま、やってみようか」と動き始めたことは？


「感情」と「物事の捉え方」と「行動」の3つの要素は連動しています。


たとえば、物事の捉え方をプラス思考にしようと思うなら、ポジティブな感情が伴っていなければできません。ポジティブな感情を自然と持てるようになるには、普段から積極的に行動に踏み出し、たくさんのフィードバックを得ていくことが助けになります。

つまり、「感情」と「物事の捉え方」と「行動」はそれぞれが作用し合い、私たちの未来をつくっていくのです。

私はこの仕組みを「人生を前進させるトライアングル」と呼んでいます。このトラ

人生を前進させるトライアングル

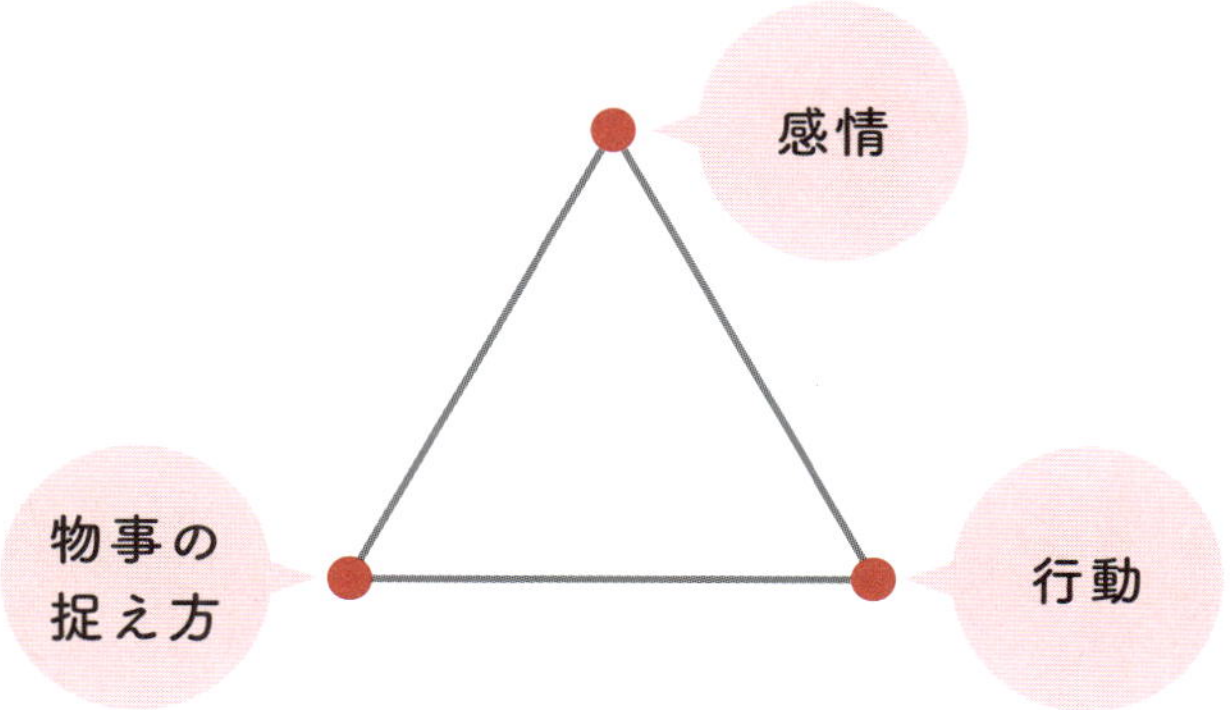

イアングルがうまく機能していれば、才能や能力がどうあれ、目の前の努力は結果に結びつきます。

習慣化で言えば、**「ポジティブな感情」を持ち、物事を「プラス思考」で捉え、「行動」のアクセルを踏んでいけば、自己肯定感は高く保たれ、あなたの取り組みは必ず成功します**。そして、その成功体験の積み重ねがあなたの才能や能力を伸ばし、自己肯定感を高めてくれるのです。

これから4章で紹介する「7つの力」は、「感情」と「物事の捉え方」と「行動」に好影響を与えます。言わば、「人生を前進させるトライアングル」をうまく作用させ、習慣化を実現するサポートテクニックです。

2章で解説した「自己肯定感と習慣化の6ステップ」の途中、「ちょっとうまくいっていないかも……」と感じる時期がやってきたら、「7つの力」を使ってみましょう。

「感情」と「物事の捉え方」と「行動」のバランスが整い、再び、習慣化のサイクルがスムーズに動き出すはずです。

Point

- よい「行動」は、ポジティブな「感情」と思考から生まれる。
- 能力よりも「感情」「思考」「行動」のトライアングルが大事。

7つの力 1 小さくする

習慣化のコツは「小さく始めて、大きく育てる」

新しい習慣を身につけようとするとき、つまずきの原因となるのが1章でも解説した「一気に変えようとする姿勢」です。

高い目標を掲げるのは悪いことではありません。ただ、そこに一足とびに辿り着こうとすると、つまずく確率が高くなり、うまくいかない回数が増えれば増えるほど、「感情」と「物事の捉え方」と「行動」のバランスは崩れ、自己肯定感も低下していきます。

「やってみたけど、うまくいかない」（行動）

「この習慣はやっぱり無理かも」（物事の捉え方）
「これ以上、ヘコむのは嫌だな」（感情）

なりたい自分を描き、そこに至るための高い行動目標を掲げ、達成するための習慣を始める……。その考え方は間違っていません。でも、実行してみたらつまずいてしまうのは、そこに「**やりやすさ**」が欠けているからです。

7つの力の1つ目「**小さくする**」とは、取り組む習慣をやりやすいようにすること。ここには、心理的抵抗感を小さくする、小さく始める、小さな達成感をたくさん手に入れるという意味合いが込められています。

そんな「小さくする」の具体的な手法として、2つのルールが効果的です。

- **「20秒ルール」で、やりやすくする。**
- **「2分間やってみるルール」で、やりやすくする。**

たとえば、簿記の資格を取るために勉強習慣を始めたとしましょう。

仕事を終え、家に帰り、着替え、テキストを取り出し、前日までやっていたページを開き、勉強を始める……という手順を「20秒ルール」では、20秒短縮します。

簡単です。朝、出かける前にテキストを机の上に出し、その日の夜、勉強し始めるページを開いておきましょう。

これで、勉強を始めるまでの手間を20秒短縮できます。やることは、取り組みたい習慣のために事前に準備し、**いつもより20秒早く始められるようにするだけ**です。

その20秒分の手間のかからなさが、スタートを切るときによぎる「**面倒くさい**」**を遠ざけ、**「**気がついたらやっていた**」というやりやすさにつながっていきます。

そして、20秒ルールは更新していくことが大切です。

机の上にテキストを開いておくのが習慣になったら、次は帰宅して手洗い、うがいをしたら着替えずにそのまま机に直行。すぐに勉強を始めてみましょう。これでさらに20秒短縮できるはずです。

そのあとも改善点を探しながら、可能なかぎり手間をかけずに習慣に取り組める状況をつくっていきましょう。この20秒ルールが、「行動」に変化をもたらします。

「とりあえず2分」がカギ！

続く「2分間やってみるルール」は、取り組む習慣に対して「感情」がネガティブになってしまったとき、使っていきましょう。仕組みとしては「if-thenプランニング」に似ています。

「今日はやりたくないな」「疲れたな」というとき、「**2分間だけやってみる**」とルール化します。ただ、意志の力で「2分間だけがんばる！」と取り組んでも、「その2分もしんどい日」も出てくるでしょう。

そこで、こんなふうに取り組む習慣の2分間バージョンを用意します。

- **簿記の資格を取るための勉強習慣なら、「テキストの問題を1つだけ解く」。**
- **ストレッチやヨガの運動習慣なら、「ヨガマットを取り出す」。**
- **日記を書く習慣なら、「1行だけ、書く」。**

「2分間やってみるルール」を適用すると、「やりたくない日」でもなんとか習慣に取りかかることができます。しかも、「物事の捉え方」が「せっかく始めたら、続けるか」と変化し、「行動」が持続。最終的に「感情」も、「しんどかったけど、やれた。うれしい」とポジティブな方向に変化していきます。

いわば、**「2分間やってみるルール」は習慣の入り口をやさしくしてくれる習慣**です。エスカレーターに乗れば次の階へ運んでくれるように、「2分だけ」とやり始めてみると、途中でやめるのは逆に難しく感じます。

なぜなら、テキストの問題を1つ解いている段階で机に向かっていますし、敷いたヨガマットをたたしまうのはバカバカしいですし、1行日記を書いたらさらに書いておきたいことを思い出すからです。

「自分に○《マル》!」をプレゼント

じつはこの1つのルールは、アメリカの心理学者バラス・スキナーが提唱した、心理学の世界で「**スモールステップの原理**」と呼ばれる考え方をサポートするテクニックになっています。

スモールステップの原理は、達成したいゴールに向けて行うべきことを小さなステップに分け、1つずつ確実にこなすと達成率が上昇するというもの。なぜ、効果的かというと、やる気を出す報酬系と呼ばれる脳の回路と非常に相性がいいやり方だからです。

スモールステップの原理は、報酬系が刺激されやすい条件である「達成できそうな課題に取り組むこと」「課題を達成したという成功体験を得ること」を満たします。

ですから、「20秒ルール」「1分間やってみるルール」で習慣をやりやすくし、それがうまくいったら、**必ずその日の自分を「よくやったね」「できた！」「自分に〇《マル》！」と褒めてあげましょう**。

習慣をルールに沿って小さなステップに分け、1段達成するごとに小さなご褒美を用意すること。その繰り返しによって自己肯定感を高めると、つまずき、停滞していた習慣化のサイクルがうまく回るようになります。

ちなみに、**「20秒ルール」は習慣をじゃまする悪い習慣をやめるためにも役立ちます。**

たとえば、勉強習慣のじゃまをするだらだらスマホやテレビ。

もし、机の近くでスマホを充電していて、つい手が伸びてしまうのなら、置き場所を取りに行くまで20秒かかるところに変えましょう。勉強する部屋から離れた寝室や玄関のコンセントを充電場所にすれば、スマホを見るためにはわざわざ20秒行動しなくてはいけません。

テレビならリモコンをクローゼットの中にしまいましょう。すると、クローゼットを開けて、リモコンを取り出し、テレビの前に移動して電源を入れなければいけません。この20秒以上かかる一手間が悪い習慣を止めてくれるのです。

Point

- 「20秒／2分間ルール」を利用して、行動のハードルをぐっと下げよう。

7つの力 2

心のチューニング

夢中になれるワクワクリスト

7つの力の2つ目「**心のチューニング**」は、主に「感情」と「物事の捉え方」に好影響を与えます。

使うのは、次の2つのテクニックです。

- **夢中になれるワクワクリスト**
- **突破口を探すセルフトーク**

習慣が途切れそうになっているとき、感情の切り替えがうまくいかないとそのまま挫折してしまう確率が高くなります。そこで、2章で紹介した「モヤモヤ解消リスト／コーピング」に似た発想で、自分が夢中になれることのリストを用意しておきましょう。

「なんかうまくいかない」というモヤモヤした感情が大きくなったとき、**「夢中になれるワクワクリスト」**にある行動を行うことで、あなたの心を弾ませ、切り替えのスイッチとするのです。

- **気持ちが上がる漫画を読む。**
- **神棚に手を合わせる。**
- **お気に入りの雑貨店に行く。**
- **近くの公園でランチを食べる。**
- **ガイドブックと地図を広げて、次の休暇の計画を立てる。**
- **クルマを洗車する。**
- **友達のためにサプライズパーティのプランを考える。**
- **ゲームに没頭する。**

- **まったく知らないジャンルの公開講座に参加する。**
- **大好きなラーメンを食べに行く。**
- **憧れのホテルのラウンジでアフタヌーンティーを楽しむ。**
- **アーティストやスポーツ選手など、推しを応援する。**
- **ペットと遊ぶ。**

リストは何項目あってもかまいません。ただし、少なくとも5項目は用意しましょう。

こうしたリストをつくること自体もワクワク感があり、感情の切り替えに役立ちます。大事なのは、**気持ちが上がったところで習慣に取り組む**こと。

先ほどの「2分間やってみるルール」ではありませんが、その前に行っていたことの熱狂、ワクワク感が持続し、習慣に取り組むハードルが下がります。

ワクワクリスト

自分がワクワクすることを、思いつくまま20個書き出してみましょう。

1		11	
2		12	
3		13	
4		14	
5		15	
6		16	
7		17	
8		18	
9		19	
10		20	

突破口を探すセルフトーク

一方、「突破口を探すセルフトーク」は実際に習慣が途切れてしまったとき、サボってしまったとき、「もうダメだ……」「やっぱりできなかった……」とならないための捉え方対策です。

セルフトークとは、自分に対してかける言葉のこと。私たちの心と言葉はつながっていて、**ミスしたときに下を向いて「あーあー」とため息をつくと、気持ちが沈んでいきます**。でも、そこで顔を上げて胸を張って「よっしゃ、ここから」と言えば、気持ちが高まっていきます。

このようにポジティブな面から物事を見て、自分に前向きな言葉がけを行うのが「突破口を探すセルフトーク」です。

- **習慣が途切れてしまったけど、まだこれからだ!**
- **今日うまくいかなかったのは事実だから、反省して次にいかそう!**

セルフトーク

Point 1 プラスの言葉づかいをすること

Point 2 自信がわき上がる態度をとること

Point 3 くり返し、声にすること

例
もうダメだ → よっしゃ、ここから！
やばい、どうしよう → 大丈夫！　これはチャンス！

- 上司の強引な誘いが原因のようだけど、次、同じシチュエーションになっても自分が強く断れば大丈夫
- もう3日も習慣をサボってしまったけど、サボる心理もわかったし、こっから一気に巻き返しだ！
- またうまくいかなかったら、どうしよう？　大丈夫、できることは全部やっている。くよくよ悩んでも仕方がない！

取り組んだ習慣を完全に放り出してしまうとき、私たちは「自分にはできない」という根拠のない無力感に苛《さいな》まれています。

でも、**意図的に「物事の捉え方」を変え、ポジティブなセルフトークを行うと、根拠**

のない無力感を跳ね返すことができるのです。

「あれだけ準備したのにうまくできないなんて、自分にはこの習慣は無理」となるのではなく、「今日はたまたま準備が役立たなかっただけ、明日再チャレンジすれば準備も無駄にならないし、習慣は続けられる」と。

自ら物事のポジティブな側面を捉えるようにすることで、励ましの言葉が浮かび、その励ましの言葉はあなたの中に根拠のない自信を生み出してくれるのです。

Point

- 「ワクワクリスト」にワクワクを書き出そう。
- 「セルフトーク」で言葉をポジティブに言い換えよう。

7つの力 3

体のチューニング

メンタルを強化する「運動習慣」を手に入れる

7つの力の3つ目**「体のチューニング」**は、「感情」と「行動」に密接に関わっています。たとえば、風邪を引くと寝込んでしまうように、体調が悪いと行動を起こす気になりません。感情も落ち込み気味になります。

実際、心理学の研究では定期的に体を動かす習慣のない人、運動不足を感じている人には、抑うつ感や不安、不眠、疲れ、免疫力の低下、情緒不安定といった症状が出やすいことがわかっています。一方、定期的な運動、つまり「体のチューニング」を行っている人は、感情面での安定、行動力の向上が認められるのです。

では、具体的にどんな運動を行えばいいのでしょうか。スポーツ心理学の権威でメンタルトレーナーでもあるジム・レーヤー博士が「体のチューニング」に適した運動を紹介しています。

1　腹筋全体を引き締める

腹筋（腹直筋と外腹斜筋、内腹斜筋、腹横筋）は体幹を支える大きな筋肉の1つです。体幹の筋肉を鍛えると、体の安定性が高まり、動きがスムーズに。腰痛を予防し、呼吸の浅さ、姿勢の悪さも改善されます。

2　インターバル・トレーニングを積極的に行う

同じ速度でゆっくり走るジョギングやウォーキングよりも、速度や負荷を変化させるインターバル・トレーニングのほうが効果的に体を鍛えることができます。60秒ダッシュしたら、180秒ゆっくり走るなど、メリハリをつけて体を動かすことを意識しましょう。

○3　休息日を設ける

筋トレの成果を発揮するためには適度な休息日が必要です。これは鍛えた筋肉を回復させる必要があるからです。月曜日にトレーニングをしたら、火曜日は休み、水曜日はトレーニング、木曜日は休み。もしくは、月曜日は上半身の筋トレ、火曜日は下半身の筋トレなど、鍛える部位を変えていく方法も効果的です。

○4　ストレッチで心身を整える

年齢を重ねるにつれて、体の柔軟性は失われていきます。トレーニングで怪我をしないためにも、5分程度のウォーミングアップのあと、10～15分のストレッチを。毎日続けると何歳からでも柔軟性は高まります。

こうした運動習慣を「体のチューニング」として行っていくことが、「感情」と「行動」の安定につながっていきます。

ちなみに、この運動習慣そのものがなかなか定着しないという悩みに対しては2章で紹介した、**「ポモドーロ・テクニック」**を使ってみてください。ストレッチをしたら、チョコを一口、筋トレをしたら、コーヒーを1杯といったご褒美設定で、体を動かすリズムを無意識に刷り込んでいきましょう。

Point

- 筋トレ、ストレッチでしなやかな心と身体を育てよう。
- 運動をすると自己肯定感と習慣力が上がる。

7つの力 4 食事でメンタルを整える

「最適な食習慣が見つかる」食事日記のすすめ

7つの力の4つ目は「**食事でメンタルを整える**」です。食事の喜びは、脳内で幸福感に影響する3つのホルモンを分泌させます。

- **セロトニン……感情のコントロールに重要な役割を果たすホルモン。**
- **ドーパミン……やる気や楽しさをもたらすホルモン。**
- **オキシトシン……ストレスを軽減し、安心感をもたらすホルモン。**

つまり、食事は「感情」のコントロールと密接に関わっているのです。しかし、忙しい毎日を送っていると、ついつい食べるのがあと回しになり、食事が「空腹を満たすためのもの」に。貧しい食生活は「感情」をネガティブな方向に向かわせます。ただ、頭では「健康のためにはバランスのいいメニューを選ぶべき……」と思っていても、忙しさと空腹を前に5分、10分で食べられるファストフードで済ましてしまう感覚はよくわかります。

しかし、全身に血液を循環させている心臓や血管の細胞をつくるのも、思考や感情を司っている脳の働きを支えているのも食事です。

たとえば、塩分や動物性脂肪の多い食事が血管に悪影響を与えること、ブドウ糖が脳のエネルギー源となることはよく知られています。**食べ物から得る栄養は、あなたの体、あなたのメンタルに強い影響を与えている**のです。

では、具体的にどんなメニューが「**体を喜ばせる食事**」になるのでしょうか。

さまざまな食事法がありますが、大規模な追跡調査で効果が立証されているのが「地中海食」です。地中海食は、主にギリシャや南イタリアなどの地中海沿岸でとられる食事で、次のような特徴があります。

- **意識的に野菜を多く取る。**
- **脂肪分は、オリーブオイルなどの良質なものから摂取する。**
- **タンパク質は、魚介類を中心に摂取する。**
- **チーズやヨーグルトも摂取する。**
- **肉類は、鶏肉を多めに。牛肉や豚肉はごく少量に。**
- **デザートは新鮮なフルーツを中心に。**

ここに脳のエネルギー源となるブドウ糖、良質な水を意識して口にするようにすると、それがメンタルを安定させる食事となります。

もちろん、毎食すべてを地中海食にする必要はありません。ときにはジャンクフードをムシャムシャ食べたい日もあれば、お寿司でお腹をいっぱいにする記念日も、焼き肉で満腹になりたい夜も、ディナーのあとにこってり甘いケーキでお祝いしたい日もあるでしょう。

その気持ちは抑え込まず、でも、回数は減らすこと。そういった自分なりの節制を実現するためにも、日々食べたものをスマホで撮って**「食事日記」をつける**ことをオススメします。

そして、週1回ペースで食事日記を見返し、何を食べたあとに心身のコンディションがよかったかを把握していきましょう。その積み重ねによって、あなたにぴったりの食習慣が見つかるはずです。

Point

- まずは1週間、食べた物をスマホのカメラで撮影・記録しよう。
- 正しい食事習慣は自己肯定感を高める。

7つの力 5 プレッシャーに強くなる

コップの水は「まだ半分？　もう半分？」

7つの力の5つ目は「プレッシャーに強くなる」です。

困難な状況になったとき、うまく対処できるかどうかは習慣化の成功を大きく左右します。ただ、うまく対処できる人のメンタルが強靭《きょうじん》だからプレッシャーを跳ね返しているというわけではありません。

大事なのは、「物事の捉え方」を変化させること。同じ出来事でも見方を変えることで、**プレッシャーをポジティブな刺激として活用する**ことができるようになるからです。

たとえば、これまで多くの本で紹介されてきた有名な問いがあります。

「あなたはコップに半分入った水を見て、どう捉えますか？」

プレッシャーに弱い人、強い人の代表例を併記しますが、あなたも改めて「感情」「物事の捉え方」「行動」の視点から、自分がどう捉えるかを考えてみてください。

【プレッシャーに弱い人】

- **感情……「どうしよう」と不安、焦る。**
- **物事の捉え方……水が残りわずかで、追い詰められた状況だ。**
- **行動……節約しよう。**

【プレッシャーに強い人】

- **感情……不安だけど、対処できるはず。**
- **物事の捉え方……まだ十分に残っている。打開策を考えよう。**

・行動……今のうちに水を増やす行動を取ろう。

では、仕事の上でのこんなシーンはどう捉えますか？
突然、営業系の部署に異動を命じられ、2週間経過。今のところ、まったくよい結果が出ていない……。

【プレッシャーに弱い人】
・感情……つらい、しんどい。
・物事の捉え方……好んで異動したわけじゃないし、向いていないのかも。
・行動……でも、仕事だからやるか。

【プレッシャーに強い人】
・感情……新しいことばかりで慣れないけど、楽しい。
・物事の捉え方……まだ2週間、ここから、ここから。
・行動……営業上手な先輩の仕事ぶりの観察と分析から始めてみよう。

同じ出来事があっても、そこから発生するプレッシャーをどう捉えるかによって、感情や行動は大きく変わります。習慣化のサイクルがうまく回っていないとき、投げやりになってしまう人は「うまくいかないこと」の捉え方に問題を抱えているのです。

そこで、「プレッシャーに強くなる」では、認知行動療法の世界で広く使われている**「ABC理論」を使って、「物事の捉え方」をいい方向に変化させるコツを紹介**します。

見える世界が変われば人生も変わる!

「ABC理論」とは、出来事【Activating event】を、どのように受け取るか(信念・捉え方)【Belief】によって感情と行動【Consequence】が決まるという考え方。アメリカの臨床心理学者であるアルバート・エリス博士が考案したものです。

先ほどの例で言えば、異動して2週間、結果が出ないことを「好んで異動したわけじゃないし、向いていないのかも」と捉えるか、「まだ2週間、ここから、ここから」と捉えるかで、まったく異なる感情と行動につながっていきます。

ABC理論

同じ出来事でも自分の捉え方、解釈によって、気持ちは変わってくる。

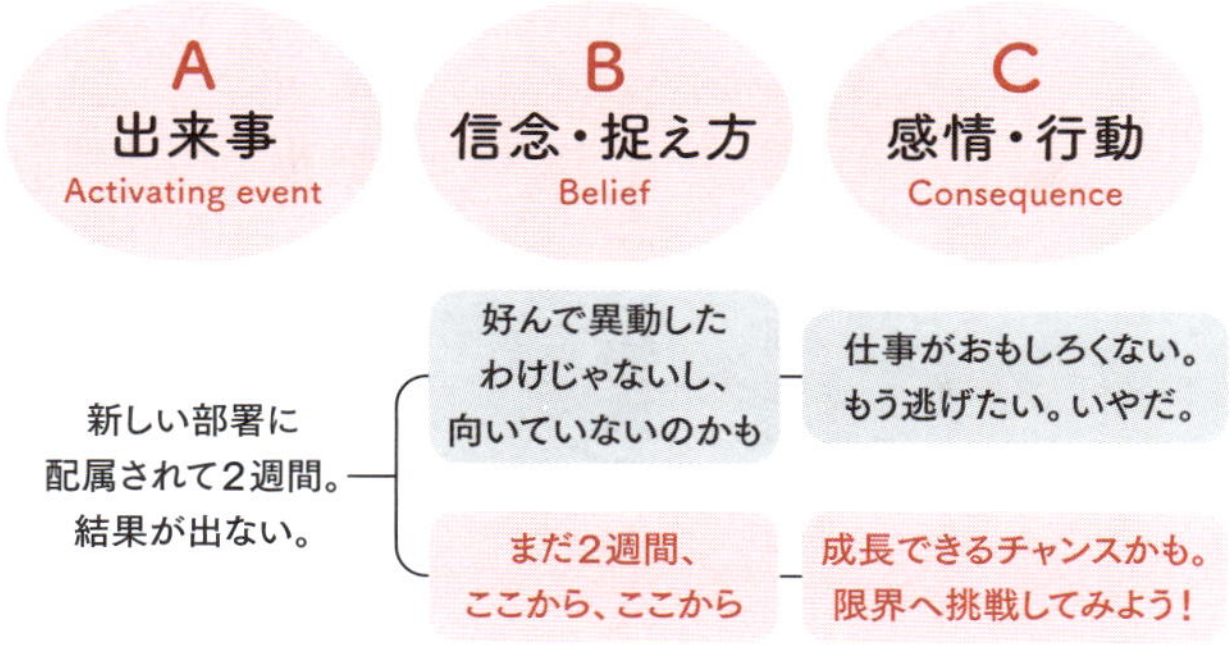
A
出来事
Activating event
B
信念・捉え方
Belief
C
感情・行動
Consequence
新しい部署に
配属されて2週間。
結果が出ない。
好んで異動した
わけじゃないし、
向いていないのかも
仕事がおもしろくない。
もう逃げたい。いやだ。
まだ2週間、
ここから、ここから
成長できるチャンスかも。
限界へ挑戦してみよう！

　このようにABC理論で**一番大事になってくるのが、Bの【Belief】**（**信念・捉え方**）です。ここには性格特有の考えや思い込みが入り込むので、同じ出来事と向き合っているのにまったく違う捉え方をする人が出てきます。

　ですから、「コップに半分入った水を見て、どう捉えますか？」の問いかけは、この先も永遠にくり返し使われていくはずです。

　一人ひとりの基本的な物事の捉え方、【Belief】は育つ環境などからも影響を受け、10代半ばには完成されると言われています。その後、成長し、社会に出てから会社の常識、社会人らしい振る舞い方などを学ぶ間も、基本的な物事の捉え方は影響を与え続けるわけです。

もし、あなたの【Belief】が次のようなネガティブなものだったら、感情や行動も後ろ向きになっていきます。

新しい取り組みに対して、「いつもうまくいかない」「失敗する」「結局、変わらない」など、**自分を苦しめる【Belief】を持ってしまっているなら、それを変化させることが重要**です。

ＡＢＣノートで「物事の捉え方」を修正していこう

幸いＡＢＣ理論では、何歳からでも新しい視点を導入し、【Belief】を変化させる手法が確立されています。

それが「ＡＢＣノート」です。ノートを用意して、横に４分割しましょう。一番上に、今、あなたがプレッシャーを感じている出来事【Activating event】を書き出します。

たとえば……

「営業系の部署に異動を命じられ、2週間経過。今のところ、まったくよい結果が出ていない。上司がシビアな視線で見ている気がする」

次に3番目の枠に、あなたがプレッシャーを受けたことで感じている感情と起こした行動【Consequence】を書き込みます。

「不安、好んで異動したわけじゃないしさ」
「モヤモヤする、上司ももう少し長い目で見て欲しいよね」
「でも、仕事だからやります」
「とりあえず、文句を言われない程度にアポイントを取っていこう」

2番目の枠に、出来事【Activating event】と、感情と行動【Consequence】をつないだあなたの【Belief】を書き出します。

「向いていない営業になるなんて、ツイてない」
「いつも貧乏くじを引いている気がする」
「がんばってみるけど、きっと今度もうまくいかない」

ここで注意点が1つあります。

「〜かな?」「〜かも?」など、疑問形になった場合は、言い切りの形に書き換えてください。

続いて一番下のブロックに、次の**3つの質問の答え**を書き込みます

- **仲のいい友達が同じ状況になっていたら、どんなアドバイスをする?**
- **これまでの経験の中で役立ちそうな方法はある?**
- **自分の力だけじゃどうにもならないことまで責めていない?**

あなたの【Belief】をこの3つの質問の視点で見直してみて、それぞれの答えを書き加えましょう。

ABCノート

あなたがプレッシャーや不安を感じている出来事、そのときとった行動と感情を書き出してみましょう。

出来事【Activating event】

信念・捉え方【Belief】

感情・行動【Consequence】

3つの質問の答え

たとえば、こんなイメージです。

「友達が『いつも貧乏くじを引いている気がする』とボヤいていたら、『その分、他の誰かが助かっているじゃん！』と言うかな」

「そう言えば、前に似たようなことになったときは……がむしゃらにがんばり過ぎて、燃え尽きたんだった。2週間で焦らず、1年くらい様子を見てみよう」

「考えてみると、営業に異動になったのは、会社の都合で自分のせいじゃない。上司は責めているんじゃなくて、大丈夫かな？　と思っているのかも」

「ＡＢＣノート」の狙いは、ノートに書き出すことで自分の中に異なる視点を取り入れること。それで**【Belief】＝「物事の捉え方」を変化させていく**のです。

捉え方が変わると、同じようなプレッシャーを受けていてもポジティブな感情、行動を起こせるようになります。習慣化のサイクルが途切れてしまったとき、停滞感に悩んでいるときなど、「ＡＢＣノート」を試して「物事の捉え方」に刺激を与えていきましょう。
きっと、停滞を脱するヒントが見つかるはずです。

Point

- ABCノートを使って自分の思い込みに気づき、自分で書き換えていこう。

7つの力 6

肯定語への変換機能を身につける

「疲れた」と言うと、本当に疲れてしまう

習慣化はもちろんのこと、私たちは何か**「うまくいかない」状態に陥ると、ついつい「できない理由」に目を向けてしまう**傾向があります。


「疲れたから、できない」

「つまんないよね」

「面倒くさいしなあ」

「なんで協力してくれないの？」

「失敗できないから慎重に」

「ここで無理してがんばってもな」
「締切を破るくらいなら、やめちゃおうか」

不思議なもので、できないときの言い訳はするすると思い浮かぶものです。実際、あなたの周りにもグチをこぼしているときほど生き生きとボキャブラリー豊富に話している人がいませんか？

でも、こうした**否定語は失敗をイメージさせ、注意、不安、恐れといった感情を増幅させ、行動にブレーキをかけます**。グチってすっきりしたつもりが、無意識下ではますますネガティブな思いが膨らんでしまうのです。

そうなると当然、習慣化を含めたあなたの取り組みはうまく進まなくなってしまいます。そこで、7つの力の6つ目「**肯定語への変換機能を身につける**」です。このテクニックは、できない理由探しに燃えてしまう「物事の捉え方」を修正するのに役立ちます。

肯定語は成功をイメージさせ、自ら発した言葉によってモチベーションが上がり、感情をポジティブな方向に導き、行動を後押ししてくれるのです。

否定語を肯定語に書き換えていくリフレーミング

そこで行ってもらいたいのが、**否定語を肯定語に書き換えていく「リフレーミング」**というワーク。ノートを用意し、そこに**今、あなたが抱えている「できない理由」を書き出していきましょう。**

そして、それを肯定語に書き換えていくのです。


「疲れたから、できない」　↓　「がんばれているから、もう少しやってみよう」

「つまんないよね」　↓　「おもしろくなってきた」

「面倒くさいしなあ」↓　「ま、いっか。やってみよう」

「なんで協力してくれないの?」　↓　「〇〇してくれるとうれしいな」

「失敗できないから慎重に」　↓　「成功するためにもじっくりと」

「ここで無理してがんばってもな」↓　「いつもの調子で続けていこう」

「締切を破るくらいなら、やめちゃおうか」　↓　「間に合う方法を考えてみよう」

意識的に「物事の捉え方」を変え、表現を否定から肯定に変えていきましょう。

言葉には無意識に働きかける力があります。ネガティブワードは自己肯定感を低くし、ポジティブワードは自己肯定感を高めるのです。

たとえば、**「ねば」「べき」もネガティブワード**です。

「1つひとつコツコツと取り組まなければ、うまくいかない」よりも「1つひとつコツコツ取り組めば、うまくいく」としたほうが自己肯定感は高まります。

「あれをやらねばならない」という否定語での捉え方も、その背景には「こうなってほしい」「こういう結果を出したい」という肯定語で表現できる思いがあるはずです。

「こっちをやろう」「こうすればもっとよくなる」と肯定語で表現することで、自己肯定感が高まり、「感情」と「行動」によい影響が出ます。

私たちの行動には、必ず思いを伴った目的があります。アドラー心理学で、この考え方は「目的論」と呼ばれています。これはフロイトが唱えた、過去の出来事が現在に大きな影響を及ぼすという「原因論」とは真逆の発想。否定語はうまくいかない原因の追求という袋小路にあなたを追い込み、行動する意欲を奪っていきます。

アドラーは、人が「何かをしよう」と決意するときは、かならず未来に向けての意志が働いていると指摘しています。

肯定語で物事を捉えることは、未来と現在の架け橋になるのです。未来は、あなたの意志で主体的につくっていくことができます。

Point

- リフレーミングで、行動をさまたげるネガティブ感情を取り払おう。
- ポジティブな夢によってプラス思考の人生が開かれる。

7つの力 7

感情のゴミを捨てパフォーマンスを上げる

イライラ・モヤモヤを紙に書き出してストレス発散！

「感情」がネガティブな方向に揺らぐ大きな原因となっているのが、**怒りと、それを引き起こす人の存在**です。

私たちは「自分のことは自分が一番わかっている」と思いがちですが、怒りの感情が先走ると、客観的な「物事の捉え方」、冷静な「行動」ができなくなります。習慣化を成功させるためにも、怒りを手放すテクニックを知っておいて損はありません。

そこで、7つの力の7つ目として「感情のゴミを捨て、パフォーマンスを上げる」方法を紹介します。

まずは、怒りを手軽にリリースする方法です。

クシャクシャと丸められるサイズの紙を用意しましょう。レポート用紙や大きめのポストイットなどでかまいません。

そこに、イライラ、モヤモヤ、プンプンなどの怒りを感じた「**日付**」と「**その日の怒りの内容**」と「**その怒りの感情を引き起こした原因（きっかけ）**」を書き出しましょう。箇条書きでかまいません。

たとえば、こんなイメージです。

- **○月○日、午後**
- **上司にイライラ、ムカついた**
- **なんで自分の非を認めず、こちらのせいにして切り抜けようとするんだろう！**

- **○月○日、朝**
- **夫の嫌味な言い方が許せない！**
- **運動習慣を続けようとがんばっているのに、「必死になっちゃって」って鼻で笑われた。ふざけんな！**

「モヤモヤ・グチ・怒り」を手放すノート

気持ちを「書きなぐる」ことでスッキリ。毎日、続けていくことで、自分がどんなことに怒りを感じやすいかを理解できるようになる。

日付
怒りの内容
怒りのきっかけ

誰かに見せるメモ書きではないので、素直に怒りの感情を書きなぐってしまいましょう。

そして、書き上がったら思い切り紙をぐちゃぐちゃに丸め、ゴミ箱にポイ！

怒りというネガティブな感情をパッと簡単に手放せることが実感できるはずです。

瞬間的な怒りの感情をなだめるセルフトーク

ただ、怒りの感情が湧き出してきた瞬間に対処するためには、紙に書き出している時間がない場合もあります。

そんなときは、7つの力の2つ目「心のチ

ューニング」で紹介した「**セルフトーク**」を応用しましょう。

私のクライアントに、理不尽な同僚に悩まされているKさんという女性がいます。彼女の同僚は、理由もなくKさんを無視し、本人のいないところで悪口を言い、業務上必要な伝達事項を伝えないといった嫌がらせをしてきます。

そのたびにKさんは怒りの感情を抱き、イライラし、帰宅後も思い出してはムカついて、取り組んでいる勉強習慣がうまくいかず、悩んでいました。

しかし、怒りの原因は明らかに同僚にあります。でも、彼女がなぜ理不尽な振る舞いをするのかはわかりません。

こちらから積極的に話しかけてみれば好転するかもと試してみても、無視されてストレスが溜まるだけでした。

結局、他人を変えることは難しく、Kさんに同僚と深く関わり合うほどの余裕はありません。そこで、セルフトークです。

「嫌な人ほど、お元気でさようなら」

「怒りに執着して、私は幸せ？」
「この理不尽を受け流せる私って、器が大きすぎる」

そんなふうにセルフトークすることで、怒りの感情が遠ざかっていきます。つまり、怒りの感情の原因となっている相手の支配下からも脱することができるのです。

自分の心の感情を支えるのは自分次第です。

怒りの感情への対処法を身につけると、客観的な「物事の捉え方」を取り戻し、冷静な「行動」ができるようになります。

Point

- 感情は自分次第でプラスにもマイナスにも影響する。
- 感情コントロールができるようになると、仕事も人生もうまくいく。

あなたには「努力する才能」が備わっています！

毎日の積み重ねが、自分を目的地に連れていってくれる

あなたは「**1万時間の法則**」を知っていますか？

カナダ人ジャーナリストのマルコム・グラッドウェルが、著作『天才！ 成功する人々の法則』（講談社）で発表し、世界中に広まった法則で、事例として紹介されているのは音楽学校でバイオリンを学んでいる生徒を3つのグループに分けた研究です。

1 ソリスト（独奏者）になりそうなグループ
2 プロのオーケストラでやっていけそうなグループ
3 音楽の先生になりそうなグループ

この3グループの20歳までの練習量を比較すると、2と3のグループの練習時間は4000時間から8000時間だったのに対して、1のグループは1万時間以上。1週間の練習量を比較しても、1のグループが飛躍的に多かったことがわかりました。

この「1万時間の法則」は他の分野の「天才」とされる人たちにも当てはまっていて、グラッドウェルは**「10年以上に渡る1万時間以上もの計画的練習」**が土台となり、そこに偶然や時代のタイミングが重なることで天才が現れると分析しています。

偶然や時代のタイミングは自分では選べませんが、計画的な練習という時間の積み上げならば意識的に行うことができます。

ただ、1万時間となると、大変です。1万時間の積み上げを2年、5年、10年で行おうと思うと、毎日、次の時間が必要になります。

- **2年：10000/(2×365) = 13.7時間**
- **5年：10000/(5×365) = 5.5時間**
- **10年：10000/（10×365）= 2.7時間**

天才は1日にしてならず、です。とはいえ、働きながらでもできそうな毎日1時間の積み上げで計算すると、なんと27年かかります。正直、27年後に天才となる土台ができるとしても、今から取り組むには長すぎる……と感じます。

安心してください。その後の研究で、1万時間は非常に優れた専門家になるために必要な時間で、何か初歩的な知識、技術を習得するためには20時間程度の集中した積み上げで十分だとする説も出ています。

そして、本書の「自己肯定感と習慣化の6ステップ」のように、新たな習慣に関しては約66日間での取り組みで定着させられることがわかっています。

1万時間、20時間、66日。時間にはバラツキがありますが、**共通しているのは取り組み、努力し、継続すること**です。

偶然や時代のタイミングを味方につけ、天才になれるかどうかはわかりません。ただ、**なりたい自分に向かって時間を積み上げるという選択は、自分で選び、始めることができます。**

これは誰もが持っている努力する才能です。

一歩一歩確実に積み上げていきましょう。

習慣化に向けてもっとも強い力を発揮してくれるのも、あなたの持っている努力する才能です。続けた時間が必ずあなたを支えてくれます。そして、積み上げた時間はあなたの進むべき道を指し示す道標にもなってくれるのです。

努力する才能は誰にでも備わっています。「7つの力」をサポートテクニックとして駆使しながら、習慣化のサイクルを回していきましょう。

努力する才能を使おう！　と決められるのはあなたです。

Point

- 一歩一歩積み重ねて進めていけば、いずれ目標を達成する。
- 続ける方法は、あなたの人生の最大の味方になる。

小さな積み重ねが、人生の大逆転を引き起こす！

最後まで読んでいただきありがとうございます。

いかがでしたか？　本書が、みなさんの人生を変えるきっかけになれば、こんなに嬉しいことはありません。

最後に、少し長くなりますが、私自身の身に起こった「習慣の転換期」について、お話させてください

今でこそ、全国を講座や講演のために飛び回り、バイタリティに溢れる人として見てもらえるようになった私ですが、じつは25歳からの10年間、家に引きこもっていました。

正確に言うと、「引きこもり」ではなく**「外に出られなかった」**のです。今、思い返すとまさに自己肯定感が超低空飛行を続けている状態でした。

小学4年生の頃から双極性障害などの心の病に苦しみ、25歳で実家の商いの借金を背負い込んだことから、パニック障害と過呼吸の発作が悪化。外に出られなくなっていったのです。

そんな**自分を変えたいと願い、私は心理学や心理療法を独学し、自ら実践する〝人体実験〟をくり返しました**。自己肯定感の研究とさまざまな習慣の導入の成功と失敗を経験しながら、結果的には35歳のときに引きこもり状態を克服したのです。

その後、私は自分と同じような悩みを抱える人たちの助けになりたいと思い、メンタルコーチとして現在まで1万5000名を超えるクライアントの方々に心理カウンセリングを行い、96%の方が回復を実感されています。

その過程で実感したのは、クライアントが抱えている悩みそのものを解決しなくても、自己肯定感を高め、日々の生活をいい方向へ変化させる習慣を導入することで、人生の「重し」となっている悩みそのものがなくなってしまうという現象です。病に対する自己回復力があるように、私たちには心の揺れを自ら回復させる力が備わっています。その**トリガーとなるのが、自己肯定感を高めることであり、よい習慣を定着させる「習慣化のサイクル」**。この2つの術を身につけていけば、人生の軸が安定し、幸せな毎日を過ごせるようになるのです。

「続けること」で人は変わることができる

引きこもっていた期間のある一時期、私はひどい人間不信に陥っていました。人と会うのが怖い。人と話すのが怖い。騙されるのではないか。裏切られるのではないか。自分は受け入れられないのではないか。そんな反すう思考に囚われていました。

そこから脱することができたのは、**毎朝の打ち水という朝の習慣**のおかげです。

当時の私は、夜うまく眠れないまま朝を迎える超夜型の生活を送っていました。できるだけ人と会わないようにして家業を手伝っていたものの、このままではますます外に出られなくなるという焦りが募ります。

そこで、明け方のまだ人どおりのない時間帯に外へ出て、店の前に「打ち水」をする習慣を始めました。パシャッ、パシャッと水をまいていると、不思議とリラックスしていく自分がいました。

なにか深い考えがあったわけではありません。ただ、少しでも家の役に立ちたい、従業員が気持ちよく感じてくれたらいいな……と思っていただけでした。

ところが、打ち水をしていると意外に人との交流があったのです。

バイクでやってくる新聞配達員と「おはようございます、お疲れさまです」と声をかけ合うようになり、早起きの近所の人たちとも挨拶を交わすようになりました。

最初はちょっとでも働けている自分を感じたい気持ちが強かったのですが、次第に挨拶を交わす人たちとのコミュニケーションが楽しくなっていきました。そして、従業員からも「ホコリが立たなくていいですね」と言ってもらえるようになりました。

誰かのために役立っている感覚が自己肯定感を高める一方で、自分の中に人と交わりたい気持ちが変わらず残っていることにも気づいたのです。

「おはようございます」と挨拶したら、「おはよう」と返してもらえる。ただそれだけのコミュニケーションでも、自分自身が存在しているという承認欲求や「ここにいてもいいんだ」という所属欲求が満たされていきました。

こうして朝の打ち水の習慣を続けるうち、人間関係に対する不安や恐れを手放すことができ、「**完璧な自分でなくても人は受け入れてくれる**」という方向に視点がリフレーミングされていったのです。

私は何年もかかりました。でも、あなたは2カ月できっかけをつかめるはず

これは些細なことのようで、私にとってとても大きな変化でした。

朝を迎えるたびに「ああ、また1日が始まる」と後ろ向きな気持ちになっていたのが、挨拶を交わせる人がいるというだけで少し感情や物事の捉え方が上向きになります。それが、外に出て打ち水をするという具体的な行動につながっていく。

それを実践したことで急に引きこもり状態が改善したわけではありません。

ほかにも、外に出られない状態から抜け出すために、毎日、クルマで出かける習慣にトライしたり、喫煙という悪い習慣をやめたり……1つひとつの出来事が感情を変え、物事の捉え方を変化させ、行動につながり、私を取り巻く環境を少しずついい方

向へと導いてくれました。

小さな習慣の積み重ねが、人生の大逆転を引き起こしたのです。

事実、外に出られない苦しみの中にいた私は、今、日本中を飛び回り、本当にたくさんのクライアントの方々と関わっています。

こんな人生が開けるなんて、30歳の頃には想像もできませんでした。

でも、**人は変わることができます。幸せになる、そう決められるのは、あなたです。**

「今の自分」として生まれてきたからには、誰かが幸せにしてくれるのを待っているのではなく、あなたが責任を持って自分を幸せにすること。嫌な人に無理に合わせるのではなく、人の顔色を気にして気持ちを抑えるのではなく、自分を尊重していきましょう。

何があっても、あなたが自分の味方になっていくことです。

本書では、私が実体験を通して学んだ、自己肯定感を高めながらよい習慣を定着させる「習慣化の6ステップ」について解説しました。これは何年もかかるプロセスではなく、約2カ月であなたの人生の軸を安定させ、思考や行動に変えてくれます。

大丈夫。あなたはやればできます。

限界はあなたが思っているよりも、はるかずっと向こうにあります。自己肯定感を高く持ちましょう。よい習慣を続けていきましょう。その過程では思うようにいかず、マイナスの感情になることもあるはずです。でも、すぐに徹底肯定。すべては新しい取り組みにチャレンジしている自分がいるからです。

全部を徹底肯定しましょう。「自分に〇《マル》！」と声をかけましょう。

自己肯定感が高まれば、どんなことにもチャレンジし、あきらめずやり抜く力が得られます。**あなたの中にある自己肯定感が習慣化を100％実現させてくれます。**

そして、その生き生きとした習慣はどんな時代であろうともあなたを成長させ向上させてくれます。

あなたの人生をもっと幸せに導き、夢を最大限に叶えてくれるのです。

自己肯定感が世界中に広まり、全肯定全承認が広がる世界になることを願って。

中島 輝

【参考文献】

- 『何があっても「大丈夫。」と思えるようになる自己肯定感の教科書』
  中島輝著（SB クリエイティブ）
- 『書くだけで人生が変わる自己肯定感ノート』
  中島輝著（SB クリエイティブ）
- 『予想どおりに不合理 行動経済学が明かす「あなたがそれを選ぶわけ」』
  ダン・アリエリー著、熊谷淳子訳（早川書房）
- 『決定力！ 正しく選択するための 4 つのステップ』
  チップ・ハース & ダン・ハース著、千葉敏生訳（早川書房）
- 『良い習慣、悪い習慣 世界 No.1 の心理学ブロガーが明かすあなたの行動を変えるための方法』
  ジェレミー・ディーン著、三木俊哉訳（東洋経済新報社）
- 『逆境を突破する技術「折れない心」を科学的に習得する極意』
  児玉光雄著（SB クリエイティブ）
- 『WHY から始めよ！ インスパイア型リーダーはここが違う』
  サイモン・シネック著、栗木さつき訳（日本経済新聞出版）
- 『心脳マーケティング 顧客の無意識を解き明かす』
  ジェラルド・ザルトマン著、藤川佳則、阿久津聡訳 / ダイヤモンド社

すぐできる！

巻末

自己肯定感を高める リフレーミング 辞典

一瞬で ポジティブに！

ネガティブな言葉をポジティブに言い変える変換表を用意しました。
これを参考に日頃から「ポジティブな言葉」を
たくさん使うように心がけてみましょう。
気持ちが前向きになり、自己肯定感が高まります。
大切なのは楽しむこと。さあ、今日も必ずいいことがあります。

しんどい感情が消える！
リフレーミング

ネガティブ		ポジティブ
忙しい！	➡	今日はゆっくり休もう
つまらない	➡	面白いかも
どうせ私なんて	➡	一喜一憂しなさんな
どうせわかってもらえないんだ	➡	私にはたくさんの協力者がいる
私には価値がない	➡	自分に〇《マル》
なんか、ツイていない	➡	ツイてる！
ま、こんなもんか	➡	やった！
何もかもうまくいかない！	➡	だんだんよくなっている
またやってしまった……	➡	これはチャンス
面倒くさい	➡	ま、いっか
もう無理	➡	大丈夫、大丈夫。
やりたくない……	➡	もう、や～めた！
もう帰りたい……	➡	帰って何しようかな
嫌だなあ	➡	〇〇だといいなあ
失敗するのが怖い	➡	これから必ずよくなる
疲れた	➡	がんばった

やる気を取り戻す！
リフレーミング

ネガティブ		ポジティブ
いつもうまくいかない	➡	私にはすばらしい仲間がいる
また失敗した！	➡	失敗してもいい
これでよかったのかな	➡	どっちでもいい
できない	➡	やってみよう
どうせ無理	➡	なんとかなる
もう限界	➡	今日も最強！
うまくいくかな？	➡	なるようになる
やっぱりダメだ	➡	人と比べなくても OK
私はできない	➡	一人でがんばらなくてもいい
失敗したらどうしよう	➡	やれる！　できる！　大丈夫！
周りは敵ばかり	➡	他人の目なんか気にしない
あの人ばかりズルい	➡	私は、私

どんな自分も愛せる！
リフレーミング

ネガティブ		ポジティブ
あー、自分が情けない	➡	大丈夫なんとかなる
この頃忘れっぽくなってきた	➡	年齢相応の磨きがかかってきた
自分なんていないほうがいい	➡	私は価値のある人間だ
だからダメなんだ	➡	弱音を吐いてもいいじゃないか
また怒ってしまった	➡	感情的になってもいい
なんてドジなんだろう	➡	ありのままの自分が好き
また飲みすぎた	➡	たまにはゆっくりしていい
感情的になってしまった	➡	嫌なことは嫌と言っていい
また食べ過ぎた	➡	あー、美味しかった！
また怠けちゃった	➡	今日はサボっちゃおう
みんなに嫌われている	➡	自分にはなすべき仕事がある
やはり年には勝てない	➡	私には無限の可能性がある
今朝も寝坊した	➡	あー、爽快
私は太っている	➡	私の人生は私のもの
自分はどうしようもない人間だ	➡	自分を許そう
人とうまく話せない	➡	思ったよりも緊張しないで話せたな

人づきあいが変わる!
リフレーミング

【性格編】

ネガティブ		ポジティブ
飽きっぽい	➡	何事にも興味を持てる
甘える	➡	人にかわいがられる
いいかげん	➡	こだわらない!
せっかち	➡	反応が早い!
友だちが少ない	➡	深くつきあっている
人見知り	➡	自分の世界を持っている
負けず嫌い	➡	向上心がある
わがまま	➡	自分のやりたいことが見つけられる
苦手 / 嫌い	➡	得意ではない
あきらめが悪い	➡	粘り強い
あの人は仕事ができない	➡	あの人も大変なんだ

【コミュニケーション編】

ネガティブ		ポジティブ
この機会を逃さないで	➡	今がチャンスだよ
こぼさないでね	➡	しっかり持ってね
慎重に!	➡	サクっとやろう!
すみません	➡	ありがとう
なんでしてくれないの?	➡	○○してくれるとうれしいな
なんでもいいよ	➡	コレがいい!
まぁ、いいんじゃない	➡	いいね
ミスしないようにね	➡	しっかり頼むね
緊張するなよ	➡	自然体でね
鍵締めなきゃダメだよ	➡	確認してから出てね
失敗しないように	➡	成功するように
絶対遅刻しないでね	➡	明日もよろしくね
忘れないでね	➡	ぜんぶ持った?

本書は、Ｇａｋｋｅｎより刊行された単行本を文庫収録にあたり再編集したものです。

知的生きかた文庫

習慣《しゅうかん》化《か》は自《じ》己《こ》肯定感《こうていかん》が10割《わり》

著　者　中島　輝（なかしま・てる）
発行者　押鐘太陽
発行所　株式会社三笠書房
〒102-0072　東京都千代田区飯田橋3-3-1
https://www.mikasashobo.co.jp
印　刷　誠宏印刷
製　本　若林製本工場

ISBN978-4-8379-8919-6 C0130

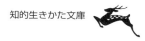

知的生きかた文庫

人生うまくいく人の感情リセット術

樺沢紫苑

この1冊で、世の中の「悩みの9割」が解決できる！　大人気の精神科医が教える、心がみるみる前向きになり、一瞬で「気持ち」を変えられる法。

されど日記で人生は変わる

今村　暁

時間はたったの1分、書くことはたったの5つ――それだけで、あなたの思考、習慣、行動が好転する！「能力開発」「習慣教育」のプロが教える、もっともシンプルかつ強力な「自己改革メソッド」。

仕事も人生もうまくいく整える力

枡野俊明

まずは「朝の時間」を整えて、体調をよくすることからはじめよう。シンプルだけど効果的――心、体、生活をすっきり、すこやかにする、98の禅的養生訓。

コクヨの結果を出すノート術

コクヨ株式会社

日本で一番ノートを売る会社のメソッド全公開！　アイデア、メモ、議事録、資料づくり……たった1分ですっきりまとまる「結果を出す」ノート100のコツ。

頭のいい説明「すぐできる」コツ

鶴野充茂

「大きな情報→小さな情報の順で説明する」「事実＋意見を基本形にする」など、仕事で確実に迅速に「人を動かす話し方」を多数紹介。ビジネスマン必読の1冊！

C50490